Ullstein

Frank Rivers

Die Weisheit der Eulen

Aus dem Amerikanischen
von Anne Follmann

Ullstein

Ullstein Buchverlage GmbH & Co KG,
Berlin
Taschenbuchnummer: 35781
Titel der Originalausgabe:
The Way of the Owl.
Succeeding with Integrity
in a Conflicted World
Aus dem Amerikanischen von
Anne Follmann

Deutsche Erstausgabe
September 1998

Umschlaggestaltung:
Vera Bauer
Unter Verwendung einer Abbildung von
TCL / Bavaria
© 1996 by Frank Forencich
Published by arrangement with HarperSanFrancisco,
a division of Harper Collins Publishers, Inc.
© der Übersetzung 1998
by Ullstein Buchverlage GmbH & Co KG, Berlin
Printed in Germany 1998
Gesamtherstellung:
Clausen & Bosse, Leck
ISBN 3 548 35781 4

Die Deutsche Bibliothek – CIP-Einheitsaufnahme

Rivers, Frank:
Die Weisheit der Eulen / Frank Rivers. Aus dem Amerikan. von
Anne Follmann. – Dt. Erstausgabe. – Berlin: Ullstein, 1998
    (Ullstein-Buch; Nr. 35781)
    Einheitssacht.: The way of the owl <dt.>
    ISBN 3-548-35781-4

Wer gut zu kämpfen versteht,
wird nicht wütend.
Wer versteht, wie Feinde zu erobern sind,
bekämpft sie nicht.

LAO-TSE, TAO TE KING

Derjenige, der zuerst zum Schlag ansetzt,
gibt zu, daß ihm seine Ideen ausgegangen sind.

CHINESISCHES SPRICHWORT

Ich bin hocherfreut, daß es Eulen gibt.

HENRY DAVID THOREAU

Inhalt

DER VOGEL DER WEISHEIT

Aber ja! Wenn wir doch nur die Welt der Eulen erleben könnten! An den fremden Klängen und schönen Formen könnten wir Gefallen finden!
Robert W. Nero, *Phantom of the Northern Forest*

Schauen Sie sich den eben flügge gewordenen Vogel an: eine ungelenke Kreatur; sein Leben ist von Angst, Widerstand und Kampf geprägt. Von einer Aktivität stolpert er in die nächste, ergreift manchmal die Flucht und stolpert ein anderes Mal geradewegs in Hindernisse hinein. An den meisten Tagen ist er sich seiner Umgebung und der Folgen seiner Handlungen nicht bewußt. Der Lebensraum, in dem er sich wohl fühlt, ist sehr begrenzt, und er weiß nicht genau, wo seine Prioritäten liegen. Seine Aufmerksamkeit schwankt, die Lektionen der Natur nimmt er nicht zur Kenntnis, und sein Denken läuft in Schwarzweißkategorien ab. Wenn er auf Widerstand stößt, dann zeigt er eine aggressive Überreaktion, oder aber er reagiert zu schwach und zu passiv. Streit und Mißverständnisse stören ihn bei seiner Arbeit, lösen Frustrationsgefühle in ihm aus und machen ihn verwundbar.

Leider hat der Grünschnabel oder Anfänger in seinem bisherigen Leben wenig Unterweisung darin erhalten, wie man sich in einer konfliktgeladenen, von Konkurrenz geprägten Welt verhalten soll. Er hat keine Vorstellung davon, warum Menschen miteinander kämpfen oder wie Konflikte kreativ genutzt werden können. Niemand hat ihm jemals gesagt, wie er sich mit Anmut und Effektivität bewegen kann. Niemand hat ihm beigebracht, wie man mit einer schwierigen und von Bitterkeit geprägten Beziehung zurechtkommt. Er ist naiv und verwirrt und lebt in dem Glauben, daß es nur zwei Möglichkeiten gibt, mit seiner Umwelt in Kontakt zu treten: das passive, nachgiebige Verhalten der Taube oder die starke, aggressive Art des Falken. Der Anfänger probiert diese Verhaltensweisen aus, doch bleibt er am Ende frustriert, weil er entweder Chaos und Gewalt geschaffen oder sich zum Opfer gemacht hat.

Doch glücklicherweise muß sich der Anfänger nicht auf immer und ewig abmühen. Es gibt einen besseren Weg. Es ist nämlich möglich, ein Gleichgewicht zwischen der Passivität und der Aggression herzustellen, Konfliktsituationen auf positive Weise zu lösen und fruchtbare Beziehungen zu schaffen, ohne zum Opfer zu werden. Ein solches Wissen existiert. Es ist in dem Weg enthalten, den die Eule geht.

In der Antike war die Eule Sinnbild für die Tugenden der Weisheit und des Wissens. In der Überlieferung heißt es, daß eine Eule auf der Akropolis im Tempel der Göttin Athene nistete. Die Athener bewunderten die Augen der Eule – jene großen, glühenden Augäpfel, die von dem hochgelegenen Nest auf der Akropolis herunterblickten. Sie glaubten, daß das Strahlen dieser Augen jenes innere Licht erzeuge, das es der Eule ermögliche, sich in der Dunkelheit der Nacht problemlos zurechtzufinden. Bei den Griechen gab es immer zumindest einen General, der eine dressierte Eule zur Stelle hatte, die er freizulassen bereit war, wenn ihre kreisende Präsenz Sieg oder Niederlage in einer Schlacht entscheiden konnte.

Eulen beherrschen in der Tat die Kunst des Fliegens und der Anpassung auf meisterhafte Weise. In diesem herrlichen Tier, das das Produkt einer vierzig Millionen Jahre dauernden Evolution ist, verbinden sich heute Intelligenz, Kraft, Anmut und Schönheit miteinander. Es nimmt unterschiedlich inspirierte Formen an, die von der scheuen und zurückgezogenen Sumpfohreule bis hin zu der ehrfurchteinflößenden, räuberischen Kraft der großen Ohreule reichen. Doch in jedem Fall verfügt die Eule über einen ausgeprägten Scharfsinn und eine große Anpassungsfähigkeit. Routiniert ändert sie ihr Verhalten und ihre Abwehrstrategien, um sich an veränderte Lebensbedingungen anzupassen. Hinsichtlich ihrer Freßgewohnheiten und Vorlieben beim Nestbau ist sie sehr flexibel.

Sie wechselt ihr Territorium je nach Nahrungsangebot und der Anzahl der schon vorhandenen Bewohner. Ihr Sehvermögen und ihr Geruchssinn sind ausgezeichnet. In diesem Sinne ist die Eule ein perfektes Vorbild, das uns Meisterschaft lehrt. Eulen können uns sehr viel darüber lehren, wie man in einer konfliktreichen und sich ständig verändernden Welt leben und überleben kann. Wir würden weise handeln, wenn wir ihnen zuhören würden.

In ähnlicher Weise ist auch der der Eule ähnelnde Mensch ein Wesen, das über viele Fähigkeiten verfügt. Ein solcher Mensch verfügt über ein reichhaltiges Repertoire an Fertigkeiten und Handlungsmöglichkeiten, die ihm in einer Konfliktsituation Vielseitigkeit verleihen. Er ist ein Meister auf den Gebieten der Feinfühligkeit, der Gesprächsführung und der körperlichen Präsenz. Unter Druck reagiert er ausgeglichen, gelassen und anmutig. Er besitzt die Fähigkeit, vollkommen still zu sein oder entschieden zu handeln.

Die menschliche Eule ist ein Wesen, das ein gutes Kampfgespür besitzt. Sie ist erfahren in der Kunst der Strategie und der Konfliktlösung. Sie ist nie Opfer und nie Aggressor, sondern wählt den Mittelweg zwischen Falke und Taube. Beim Kämpfen ist sie sehr geschickt, doch sie ist ebenfalls Expertin darin, einen möglichen Kampf zu vermeiden. Sie kann sich vor einem Angriff schützen, aber desgleichen kann sie ein Klima von Verständnis schaffen, gesunde Beziehungen fördern und dazu beitragen, daß Meinungsverschiedenheiten in Ruhe ausgetragen werden. Sie ist Kriegerin, aber ebenso ist sie Kriegsgegnerin. Da sie die Prinzipien von Engagement und Taktik verstanden hat, kann sie in allen Bereichen, in denen in Beziehungen Konflikte auftreten, effektiv handeln.

Ihr Wissen ist tief und breit gefächert. Dazu gehören Sprache, klares Denken, die Kunst der Strategie und diejenige der Integration. Es geht um Überleben und Anpassung, Ausgewogenheit und Maß, Aufmerksamkeit und Bewußtsein. Es geht darum, daß man sein eigenes Selbst, seine Umgebung und seine Gegner kennenlernt. Es geht um Risiko und Meisterschaft.

Der Weg zum Eulendasein ist einfach, aber gleichzeitig anspruchsvoll und schwer zu erfassen. Falls Sie sich für diesen Weg entscheiden sollten, werden Sie sich mit einer neuen Art zu leben und Beziehungen einzugehen konfrontiert sehen. Sie werden auf Widerstand stoßen und kämpfen müssen. Doch am Ende werden Sie dafür belohnt werden. Mit zunehmender Erfahrung werden Ihnen neue Möglichkeiten und Alternativen das Gefühl von Freiheit und Stärke vermitteln. Angriffe werden Sie nicht mehr so tief treffen, und Sie werden feststellen, daß Sie zu dem vordringen werden, was auf der tiefsten Ebene Erfahrung und Sinn ausmacht. Sie werden anfangen, Ausgeglichenheit, Anmut und Effektivität zu entwickeln.

Sie sollten davon ausgehen, daß dieses Unterfangen Sie über einen längeren Zeitraum in Anspruch nehmen wird. Jeder von uns besitzt das Potential, die Meisterschaft der Eule zu erlangen, doch dieses Potential muß entwickelt werden. Und das ist eine lebenslange Aufgabe.

KAPITEL I

Prioritäten setzen

Ein scharfes Schwert führen

Es hat keinen Zweck, es richtet sich sogar gegen die eigenen Interessen, wenn man sich von der wahren Natur der Sache abwendet, weil der Schrecken ihrer Elemente Widerwillen hervorruft.
Carl von Clausewitz, *Vom Kriege*

Bevor der Anfänger sich auf den Weg zum Eulendasein begibt, muß er sich mit dem Wissen über den Kampfsport auseinandersetzen; er muß über das Kämpfen an sich nachdenken. Ob es einem nun gefällt oder nicht: Das Kämpfen ist ein integraler Bestandteil der menschlichen Erfahrungswelt. Es ist ganz wesentlich, daß wir dem wilden Tier in uns ins Auge blicken.

So manch einer würde es vorziehen, der Beschäftigung mit dem Kampfsport gänzlich aus dem Wege zu gehen und seine Konzentration statt dessen auf friedliche Künste zu richten, aber Konflikt und Harmonie sind in Wirklichkeit zwei Seiten ein und derselben Medaille. Um die eine Seite zu verstehen, muß man die andere Seite begreifen und umgekehrt. Das Verständnis dafür, was Kämpfen eigentlich bedeutet, ist für die erfolgreiche Gestaltung von Beziehungen unerläßlich. Deshalb muß man sich mit der Dynamik von Gewalt und Betrug auseinandersetzen, mit der Psychologie des Konflikts und den Strategien, die zu Sieg oder Niederlage führen. Sie müssen lernen, wie man einen guten Kampf führt, insbesondere dann, wenn Sie sich Harmonie wünschen. Vermeidung ist eine doppelte Falle: Sie werden auf diese Weise nicht nur keinen Frieden schließen können, sondern langfristig werden Sie sogar noch zum Opfer werden. Nicht umsonst heißt es im Sprichwort: »Vielleicht sind Sie nicht am Kämpfen interessiert, aber der Kampf ist sicherlich an Ihnen interessiert.«

Die Beherrschung des Kampfsports ist ein scharfkantiges Werkzeug, ein mentales Schwert. Und wie es bei allen scharfkantigen Werkzeugen der Fall ist, so ist auch hier ein scharfes Schwert sicherer und effektiver. Da der Anfänger das Wesen des Konfliktes und der Strategie nicht genau untersucht hat, führt er ein stumpfes und damit gefährliches Schwert. Er wähnt sich in Sicherheit, doch tatsächlich ist er in großer Gefahr. Seine Handlungen erfordern mehr Kraft, und wenn er mit seinem stumpfen Schwert ausrutscht, dann verletzt er sich selbst und seine Mitmenschen. Sein unvollständiges Wissen macht ihn gefährlich, verletzbar und ineffektiv.

Die Schwierigkeiten, die wir mit dem Kämpfen haben, entstehen nicht deshalb, weil wir etwas über das Kämpfen wissen. Sie rühren eher von einem *Mangel* an Wissen her. Unwissenheit und Verleugnung sind immer falsch. Wenn man die Möglichkeit eines Kampfes nicht wahrhaben will, dann ist das der einfachste Weg, in einen Kampf hineinzugeraten. Durch Unwissenheit schafft man sich nie eine sichere Position. Die einzige Sicherheit liegt im Wissen. Das einzig Gute ist, zu üben.

Der Weg der Eule

Den Feind umarmen

Ein Krieger darf weder etwas beklagen noch bedauern. Sein Leben ist eine immerwährende Herausforderung, und Herausforderungen können weder gut noch schlecht sein. Herausforderungen sind einfach Herausforderungen.

Carlos Castañeda, *Der Ring der Kraft*

Der eben flügge gewordene Vogel braucht mehr als alles andere das Gefühl von Sicherheit. Konflikte rufen Angstgefühle in ihm hervor, und deshalb geht er ihnen nach Möglichkeit aus dem Weg. Er glaubt, daß er sich, wenn er freundlich zu jedermann ist, niemals Feinde schaffen oder Angreifer anziehen wird. Welche Veranlassung sollte es für irgend jemanden geben, ihm ablehnend gegenüberzustehen? Er handelt doch schließlich einfach nur vernünftig. Also verdoppelt er seine Anstrengungen und tut seine Feinde als merkwürdige, geistig verwirrte Zeitgenossen ab. Oder er bezeichnet die Menschen, die sich ihm entgegenstellen, als verrückt, dumm oder böse.

Die Eule unterliegt keiner solchen Illusion. Sie weiß die große Spannweite menschlicher Werte, Weltanschauungen und Interessen zu schätzen. Vielfalt erzeugt Konflikte und Widerstand. Selbst der allernetteste Mensch wird Widerständen begegnen, die sich in Form von Starrsinn, Wut oder Gewalt ausdrücken können. Das ist unvermeidlich.

Konflikte sind ein unabdingbarer Bestandteil des Lebens; Widerstand ist normal. Unter vernünftigen Menschen gibt es ständig irgendwelche Meinungsverschiedenheiten. Egal, was man tut, es wird immer jemanden geben, der anderer Meinung ist. Handlungen rufen immer Kritik hervor. Wirklich kreative Handlungen rufen sogar feindliche Gefühle hervor; Innovationen stellen immer eine Bedrohung für die bestehende Ordnung dar. Der einzige Weg, um Feindschaft zu vermeiden, besteht darin, nichts zu tun, nichts zu sagen und nichts zu sein; aber dieser Weg führt zur Belanglosigkeit und nicht zum Eulendasein.

Sich dem Kampf entgegenzustellen ist eine Verschwendung von Zeit und Energie. Egal, wie geschickt Sie auch sind, Sie werden in Ihrem Leben immer auf Widerstand und Opposition stoßen. Niemand ist in der Lage, Konflikten in Beziehungen aus dem Weg zu gehen, selbst die gebildetste und welterfahrenste Eule nicht. Wenn man sich wünscht, von Feindschaft verschont zu bleiben, dann wäre es so, als sehnte man sich nach einer Loslösung vom Leben: so als würde man versuchen, dem Atmen zu entkommen. Letztlich besteht die einzige Lösung darin, Feindschaft zu akzeptieren.

Seien Sie nicht überrascht, wenn Sie auf Widerstand treffen. Begegnen Sie ihm mit Anmut und Geschick. Wenn Sie Feindschaft als Realität anerkennen und sie annehmen, dann werden Sie von Illusionen befreit werden. Widerspruch wird Sie nicht länger aus dem Gleichgewicht bringen, und Ihre Handlungen werden frei von inneren Widerständen weiterfließen. Somit haben Sie zumindest einen Feind weniger, den Sie bekämpfen müssen.

Für sich selbst sorgen

Halte Dich an dem großen ursprünglichen Bild fest.
   Lao-tse, *Tao Te King*

Deshalb ist es für den Fürsten notwendig, genau zu wissen, wie man Mensch wie Tier nutzen kann.
   Machiavelli, *Der Fürst*

Die Eule ist ein prächtiges Tier, das die Kunst der körperlichen Präsenz meisterhaft beherrscht. Sie ist anmutig und wachsam, genießt die physische Realität und erfreut sich an Sinneseindrücken und Bewegung. Sie lebt in ihrem Körper und hört auf die Klänge ihres eigenen Stoffwechsels. Sie spürt, wie die Lebensenergie, die in jeder Zelle ihres Körpers pulsiert, kommt und geht.

Auf kreative und angemessene Weise reagiert der lebendige Körper des Tieres auf die Herausforderungen, die durch Konflikte entstehen. Das gesunde Tier ist in der Lage, lang anhaltende körperliche Herausforderungen durchzustehen, es besitzt eine Toleranzspanne, um Doppeldeutigkeiten auszuhalten und kann Befriedigung auf einen späteren Zeitpunkt verschieben – all das sind wesentliche Voraussetzungen für kreatives Handeln. Im Gegensatz dazu ignoriert der Anfänger seinen Körper; er lebt im Nebel der körperlichen Trägheit. Da er nicht für sein tierisches Wesen sorgt, wird er passiv, gewalttätig, ineffektiv und verwundbar. Er verliert seine künstlerischen Fähigkeiten.

Hier geht es um die Kunst der Beziehung. Ihr Körper ist Ihr erster, letzter und lebendigster Verbündeter – er ist die Quelle all Ihrer Kraft. Stärken Sie diese Beziehung bei jeder Gelegenheit, die sich Ihnen bietet. Fordern Sie Ihr Gewebe regelmäßig, doch bestrafen Sie es nicht. Behandeln Sie Ihren Tierkörper nie als einen Feind, denn einen solchen Kampf würden Sie unweigerlich verlieren.

Versuchen Sie herauszufinden, was die instinkthafte Natur

in Ihnen braucht, und sorgen Sie dafür, daß Sie es bekommen. Sie sollten die Fähigkeit, für sich selbst zu sorgen, meisterhaft beherrschen lernen. Die instinkthafte Natur braucht frische Luft, frisches Wasser, hochwertige Nahrung, regelmäßige Bewegung und Berührung. Erfüllen Sie sich die körperlichen Grundbedürfnisse wie Laufen, Atmen und Stillsein. Hören Sie auf die Intelligenz Ihrer Zellen, und vertrauen Sie der homöostatischen Weisheit Ihres Gewebes: Essen Sie, wenn Sie Hunger haben, trinken Sie, wenn Sie Durst haben, schlafen Sie, wenn Sie müde sind.

Atmen Sie tief und bewußt. Ihr Atem ist ein äußerst weiser Lehrer, denn jede Ein- und Ausatmungsphase ist das gleichzeitige Zusammenspiel von Kraft und Entspannung, von Yin und Yang. Wann immer es Ihnen möglich ist, sollten Sie diese Bewegung mit größter Intensität beobachten und sie sich ausdrücken lassen. Atmen Sie mit jeder Zelle und Faser Ihres Körpers.

Intensivieren Sie Ihre tierische Präsenz. Der Körper eines gesunden Tieres ist im Einklang mit sich selbst, er ist flexibel, wachsam und würdevoll – das ist wesentlich für alle Ebenen, auf denen sich Beziehungen und Kämpfe abspielen. In einer perfekten Haltung sieht man, wie sich Spieler und Gegenspieler in einem Tanz von wechselweiser Kontraktion und Entspannung ablösen. Der Körper hat eine gute Verbindung zur Erde, und dennoch sind Kopf und Nacken leicht und flexibel. Hier stellt die Eule ein Gleichgewicht zur Schwerkraft der Erde her, wobei sie diese weder bekämpft noch ihrer Anziehung nachgibt. Diese Kunst ist das Zusammenspiel von Kraftanstrengung und Entspannung, das Aufmerksamkeit, Aufrichtigkeit und regelmäßige Anpassung erforderlich macht.

Die Sprache des Körpers spricht das Unterbewußtsein anderer Menschen an und hat deshalb einen enorm starken Einfluß. Unsere Mitmenschen reagieren in hohem Maße auf die Art, wie wir stehen, sitzen oder gehen. Selten greift ein Aggressor eine Person an, die wachsam in ihrer Kraft und Ausrichtung ist; der Verbrecher will ein Ziel, das zusammengefallen und in sich zusammengekauert ist oder aber kalt-schnäuzig und herausfordernd. Beobachten Sie einmal die unterschiedlichen Haltungen von Menschen und Tieren in Ihrer Umgebung, und ahmen Sie die Haltungen nach, die eine Wirkung erzielen.

Ein unbeweglicher Tierkörper eignet sich nicht besonders gut dazu, Konflikten mit künstlerischem Geschick zu begegnen. Spannung hemmt unsere Fähigkeiten. Wir verlieren unsere Anmut, unsere Kraft, unsere Sensibilität und unseren Humor. Deshalb erlernt die Eule die Kunst des Loslassens, eine subtile Fähigkeit, die eigentlich auf Widerspruch und Gegenintuition basiert: Der Anfänger kann sich nicht entspannen, da er verletzlich und ängstlich ist, die Eule jedoch weiß, daß es gerade die Entspannung ist, die Sicherheit gibt.

Dieses Prinzip läßt sich sehr anschaulich mit Hilfe eines alten chinesischen Drachenkampfspiels darstellen. Die Spieler überziehen dabei Drachenschnüre mit Milchglas, lassen die Drachen in die Luft steigen und dirigieren sie dann, wobei sie versuchen, die Schnüre des Gegners zu durchtrennen. Die straffe Schnur läßt sich leichter durchtrennen; der nachgiebigen Schnur, die keinen Widerstand leistet, passiert nichts. Die Botschaft ist klar: Wer angespannt und steif ist, wird geschlagen werden, während der, der weich und biegsam ist, durchhalten wird. Üben Sie sich in der Kunst, keinen Widerstand zu leisten. Kehren Sie Ihre Anstrengungen ins Gegenteil um, so daß Sie die gegnerische Kraft in sich aufnehmen.

Das wahre Tier sucht einmal die Herausforderung, ein anderes Mal verwöhnt es sich. Es setzt seinen Körper den Härten seiner Umgebung aus und nährt und heilt ihn dann. Stellen Sie einen Zustand des dynamischen Gleichgewichts zu Ihrem Körper her. Ehren Sie den Yang-Kanal der körperlichen Aktivität – Kampf und Flucht. Ehren Sie den Yin-Kanal, der für Verjüngung, Heilung und Genesung steht. Kraftvolle Handlungen und Training sind Grundvoraussetzungen, um Sicherheit zu erlangen, aber ein gewisses Maß an Faulheit ist ebenso wichtig. Der Schlüssel liegt im richtigen Maß; wechseln Sie zwischen Phasen zweckgebundenen Handelns und Phasen tiefer und bewußter Entspannung ab.

Bei der Sorge um Ihre tierische Gesundheit sollten Sie dem vorausschauenden Handeln und der Vorsorge einen besonderen Stellenwert einräumen. Die Erfüllung Ihrer instinkthaften Bedürfnisse sollten Sie nicht aufschieben. Wenn Sie krank oder verletzt sind, dann sollten Sie Ihrem Zustand mit wirkungsvollen Gegenmaßnahmen begegnen und ihn gleichzeitig dankbar akzeptieren. Wenn man Krankheit und Verletzung mit Strenge behandelt und sie als Feind betrachtet, der besiegt werden muß, dann wird der innere Konflikt nur verstärkt und eine Heilung weniger wahrscheinlich. Schmerz gibt uns eine wertvolle Rückkopplung und ist daher ein Verbündeter; Schmerz lehrt uns etwas. Richten Sie sich nach der Botschaft, die Ihnen Ihr Körper mitteilt, sonst werden Sie unter den Folgen zu leiden haben.

Man kann von allen Geschöpfen etwas lernen. Einige von ihnen verfügen über enorme Kraft, andere sind beweglich und listig. Alle sind in der Lage, sich anzupassen. Ertragen Sie den Winter mit der stoischen Gelassenheit eines Grizzlybären? Bewegen Sie sich mit der Kraft und Anmut des Berglöwen vorwärts? Können Sie sich ebenso geschickt anpassen wie das Chamäleon? Finden Sie Ihre Richtung mit der Präzision des Zugvogels? Haben Sie das scharfe Sehvermögen der Eule? Lassen Sie Ihre Phantasie durch Bilder aus dem Tierreich beflügeln.

Der endgültige Schlüssel zum Tiersein besteht darin, sich auszusetzen. In dem fehlgeleiteten Versuch, sich selbst zu schützen, zieht sich der Anfänger aus der natürlichen Welt zurück. In einer solchen Isolation kann der Tierkörper jedoch nicht überleben; er muß die wilde Erde berühren, um sich seine Gesundheit zu erhalten. Mit diesem Wissen setzt sich die Eule ihrer Umgebung aus; sie macht sich für die Lektionen der Erde, des Himmels und des Meers empfänglich. Diese Übung sollten Sie nicht vernachlässigen. Verbringen

Sie die Nacht draußen in den Bergen oder in der Wüste. Fasten Sie. Gehen Sie weiter, als Sie es zu können glaubten. Tauchen Sie in kaltes Wasser ein. Halten Sie das Tier in sich lebendig, wach und vibrierend.

Dehnen Sie Ihre Grenzen aus

Befasse dich mit dem Weg aller Berufe.
  Miyamoto Musashi, *Das Buch der fünf Ringe*

In der Erziehung gibt es nur ein Fach,
und das ist das Leben in all seinen Erscheinungsformen.
  Alfred North Whitehead, *The Aims of Education*

Die Eule ist ein äußerst anpassungsfähiger Vogel. Sie bewegt sich in einem weiten Spektrum unterschiedlicher Lebensräume, die von dichten Wäldern bis hin zu Wüstenfelsen, von Feuchtgebieten bis hin zu Hochgebirgen reichen. Sie rastet in dichtem Laubwerk, in Baumlöchern, alten Nestern und Felsvorsprüngen ebenso wie in der offenen Ebene. Sie lebt von unterschiedlicher Kost, die alle möglichen Tiere von Insekten bis hin zu Mäusen umfaßt und auch Taschenratten, Salamander, Vögel, Fische, Käfer und Skorpione. Die Eule hat ein weites Gebiet, in dem sie sich zu Hause fühlt.

Es gibt eines enge Beziehung zwischen dem Raum, in dem sich ein Tier wohl fühlt, und seiner Fähigkeit zu überleben. Die Grundregel ist einfach: Je weitgesteckter das Territorium ist, in dem wir uns wohl fühlen, desto größer sind die Überlebenschancen. Das Tier, das sich nur an milden Sommertagen wohl fühlt, sieht sich einer großen Herausforderung gegenüber, wenn es gezwungen ist, im Winter eine Nacht in den Bergen zu verbringen. Wenn es an ein inaktives Leben gewöhnt ist, dann wird es ihm schwerfallen, vor einem ihm feindlich gesonnenen Angreifer davonzulaufen.

Unser Territorium beginnt in unserem tierischen Körper, in dem wir gewohnheitsmäßige Bewegungs- und Empfindungsmuster aufbauen. Auf ähnliche Weise fühlen wir uns auch in bestimmten gesellschaftlichen, kulturellen, politischen und ideologischen Dimensionen wohl. Wir leben innerhalb von sprachlichen, spirituellen und intellektuellen Grenzen. Wir versuchen, uns mit Menschen zu umgeben, die so denken wie wir, die dieselben Bücher lesen wie wir und die dieselben Werte haben.

Ein erweitertes Jagdrevier kommt der Eule auf vielerlei Weise zugute. Zunächst macht das aus ihr eine gute Kämpferin. Ihr reicher Erfahrungsschatz verhilft ihr dazu, ein stärkeres Maß an Unglück, Schmerz und Doppeldeutigkeit zu ertragen und dabei ihre Gelassenheit und Intelligenz zu bewahren. Ebenso vergrößern weiter gesteckte Grenzen ihre Palette taktischer Möglichkeiten. Ihre größere Erfahrungswelt gibt ihr den Spielraum, um sich zu bewegen und schöpferisch tätig zu sein. Das wiederum ermöglicht es ihr, ein größeres Gespür für Kontrolle, Vertrauen und Objektivität zu entwickeln.

Denken Sie daran, daß Konflikte in Beziehungen keinerlei Gesetzen folgen. Jeder Gegner ist einzigartig, jeder Angriff grundsätzlich nicht vorhersehbar. Selbst eine mit allergrößter Weitsicht begabte Eule kann nicht erahnen, wie sich ein Konflikt entwickeln wird oder was sie zu ihrer Verteidigung wird tun müssen. Deshalb lehnt die Eule es ab, sich auf eine einzige Technik oder Disziplin zu verlassen. Sie weiß, daß *jegliches* Wissen potentiell nützlich sein kann. *Alle* Wege haben einen gewissen Wert. Mit diesem Wissen versucht die Eule, so viele Fertigkeiten wie möglich zu erlernen. Sie entwickelt ein reichhaltiges Repertoire.

Sie sollten keinerlei Wissen ablehnen! Setzen Sie keine willkürlichen Grenzen hinsichtlich dessen, was nützlich sein könnte. Seien Sie opportunistisch – saugen Sie Wissen auf, wann und wo immer es Ihnen möglich ist. Alle Ideen sind potentiell wertvoll, nicht nur für die praktische Selbstverteidigung und das Überleben, sondern auch als Quelle für Metaphern, kreative Eingebungen und den Aufbau von Beziehungen. Indem Sie die Basis Ihres Wissens erweitern, wird sich auch Ihr Netzwerk an Kontakten verdichten. Das fördert Ihr Einfühlungsvermögen, Ihr Mitgefühl und Verständnis. Doch vor allem sollten Sie Vielfältigkeit anstreben. Lernen Sie, verschiedene Rollen zu spielen. Werden Sie ein Schüler in vielen verschiedenen Disziplinen. Ein breitgefächertes Wissen ist immer eine Grundlage, mit der Sie nicht verlieren können.

Seien Sie allem Fremden gegenüber aufgeschlossen; umarmen Sie das Andersartige und das Ungewöhnliche, und nehmen Sie es als selbstverständlich hin. Wenden Sie sich in dem Moment, in dem Sie eine Entscheidung zu fällen haben, Ihrer Unsicherheit, Ihrer Angst und Ihrem Unvermögen zu. Suchen Sie neue Erfahrungen um ihrer selbst willen, und setzen Sie sich bewußt neuen Dingen aus.

Erweitern Sie Ihre sprachlichen Grenzen, indem Sie neue Wörter lernen. Erweitern Sie Ihre psychologischen Grenzen, indem Sie sich neuen Ideen aussetzen. Lernen Sie neue Leute kennen; erlernen Sie neue Rituale und Mythen. Bewegen Sie Ihren Körper auf neue Weise.

Es kann durchaus hilfreich sein, wenn Ihr Training auf die zukünftigen Herausforderungen abgestimmt ist. Doch die Erweiterung Ihres Territoriums ist in *jeglicher* Hinsicht von Wert, da Sie dadurch mit Neuem vertraut werden und den Prozeß der Anpassung kennenlernen. Jede neue Erfahrung wird zum Gelingen Ihrer Unternehmungen beitragen und Ihre Überlebensfähigkeit stärken.

Es ist unabdingbar, daß dieser Prozeß bedrohlich und einschüchternd ist. Wenn wir die Sicherheit unseres physischen, sozialen und psychologischen Nestes hinter uns lassen, werden wir zwangsläufig mit Risiken, Unsicherheiten und Uneindeutigkeiten konfrontiert. Nichtsdestotrotz ist dieser Schritt äußerst wichtig. Menschliches Territorium gestaltet sich nach dem bekannten Prinzip: »Nutze es, oder du wirst es verlieren.« Wenn Sie Ihre Grenzen nicht von Zeit zu Zeit herausfordern, dann wird das Territorium, in dem Sie sich wohl fühlen, letztlich zusammenschrumpfen. Aber das ist nicht der Weg, den die Eule geht.

Lassen Sie sich nicht verletzen

Reisen Sie dorthin, wo es keine Feinde gibt.
  Sunzi, *Die Kunst des Krieges*

Die Eule ist pazifistisch, aber nicht passiv. Sie strebt Frieden an, doch sie läßt nicht zu, daß sie zum Opfer wird. Von gutgemeinten Philosophien über das Kämpfen, die Passivität als Weg zu friedlichen Beziehungen ansehen, läßt sie sich nicht täuschen. Im Gegenteil, sie weiß, daß sie keine kreative Arbeit leisten kann, wenn sie mißbraucht, schikaniert oder getötet wird. Wie alle echten Tiere verteidigt sie ihre Nische im Ökosystem.

Es gibt mehrere Möglichkeiten, wie man den körperlichen und emotionalen Schlag vermeiden kann. Die erste besteht einfach darin, nicht da zu sein, wenn der Angreifer zum Schlag ansetzt. Diese Kunst nimmt ihren Anfang bei der Bewußtheit – die Eule richtet ihre Wachsamkeit verstärkt auf ihre Umgebung. Sie meidet gefährliche Situationen und nimmt eine Position ein, in der sie relativ sicher ist. Sie setzt ihr überlegenes Urteilsvermögen ein, um Situationen aus dem Weg zu gehen, die den Einsatz ihrer höheren Fähigkeiten erforderlich machen würden. Wenn sie nicht da ist, wird sie auch kein Schlag treffen.

Natürlich macht auch die Eule Fehler – manchmal *ist* sie zur Stelle, wenn der Angriff erfolgt. Dann kann die bestmögliche Reaktion darin bestehen auszuweichen. Ein Rückzug kann ebenso notwendig wie ehrbar sein. Oder es könnte möglich sein, den Schlag zu vermeiden, indem man von der Angriffslinie zurücktritt. Statt eine statische Position zu verteidigen, weicht die Eule dem drohenden Schlag zur Seite aus, ohne dabei angreifen oder sich zurückziehen zu müssen.

Diese Fähigkeit erfordert Flexibilität und die Bereitschaft, die eigene Position aufzugeben. In körperlicher Hinsicht erfordert sie Ausgewogenheit und Agilität. In psychologischer Hinsicht erfordert sie einen wachen und beweglichen Geist. Wenn die Eule mit Worten angegriffen wird, dann pariert sie den Angriff nicht sofort, aber sie nimmt ihn auch nicht passiv hin; sie tritt einen Schritt zur Seite und nimmt einen alternativen Standpunkt ein.

Der Anfänger begreift diese Lektion nicht. Wenn es zu einem Konflikt kommt, dann verteidigt er seine Stellung und behauptet seine Position. Wenn sich der Konflikt verschärft, dann bedient er sich zusätzlicher Verteidigungsmechanismen und schlägt sozusagen an einer bestimmten Stelle tiefe Wurzeln. Schließlich verliert er seine Fähigkeit, die Situation in die gewünschte Richtung zu lenken, und das gerade in dem Augenblick, wo er sie am meisten braucht.

In jedem Fall ist Beweglichkeit wesentlich. Machen Sie sich nicht zu einer statischen Zielscheibe. Bleiben Sie entspannt, beweglich und in Ihrer Mitte. Aber vor allen Dingen sollten Sie sich durch den Angriff nicht hypnotisieren lassen. Fahren Sie fort, Ihre Umgebung aufs genaueste zu beobachten, halten Sie Ausschau nach Angriffen, Schwächen in der Verteidigungsstrategie Ihres Gegners, oder suchen Sie nach anderen kreativen Möglichkeiten. Sie sollten den Angriff auf jeden Fall respektieren; aber lassen Sie nicht zu, daß er Ihre Aufmerksamkeit oder Ihren Verstand beherrscht.

Aufgrund ihrer überragenden Beweglichkeit kann die Eule sich auch dafür entscheiden, mit dem Angreifer zu verschmelzen und seinen Angriff in eine andere Richtung zu lenken. In diesem Fall verändert sie ihre Position und Bewegung und richtet sich so aus, daß sie sich im Gleichklang mit ihrem Angreifer befindet. Sobald sich ihr Verhalten mit dem ihres Gegners in Harmonie befindet, ist sie nicht nur sicherer, sondern auch in der Lage, seine Schwungkraft in die entsprechende Richtung zu lenken.

Stellen Sie sich vor, ein großer Stein rollt einen Hang hinunter. Wenn Sie versuchen, ihn mit direkter Kraft oder hartnäckigem Widerstand abzustoppen, dann wird Ihnen das nicht gelingen. Wenn Sie jedoch neben ihm herlaufen und ihm einen kleinen Stoß in eine andere Richtung geben, dann sind Sie in Sicherheit. Bildlich gesprochen birgt diese Herangehensweise das Potential in sich, die Sache für beide Seiten positiv ausgehen zu lassen; dabei wird keiner Partei irgendein Schaden zugefügt.

Der Anfänger sieht Verschmelzung irrigerweise als schwach und wirkungslos an, doch tatsächlich kann eine gut ausgeführte Verschmelzung verheerend sein. Da man sich dabei die Energie des Angreifers und seine Schwungkraft zunutze macht, kommt die Umlenkung vollkommen überraschend, und der Angreifer wirft sich gewissermaßen selber aus dem Rennen. An dieser Kunst ist nichts Passives oder Schwaches. Eine Verschmelzung mag so erscheinen, als leiste man keinen Widerstand, oder sie fühlt sich weich an, aber sie ist einfach nur ein Mittel, um auf kreative Weise ein Ziel zu erreichen. Die Eule gibt vielleicht nach, aber sie behält weiterhin ihre Integrität und paßt ihre Stellung und Bewegung präzise an. Sie erhält den Kontakt zu ihren Interessen und Zielen aufrecht, selbst wenn sie nachgibt. Sie verliert, um zu gewinnen. Sie gibt nach, um sich durchzusetzen.

Bevor Sie mit einem Angriff verschmelzen oder ihm eine andere Richtung geben können, müssen Sie erst einmal wissen, woher er kommt und worauf er gerichtet ist. In einem Nahkampf ist das oberflächlich betrachtet eindeutig, doch im allgemeinen sind die meisten Angriffe in der Praxis doppeldeutig. Ein hartes Wort oder eine rauhe Geste müssen nicht das sein, was sie zu sein scheinen. Deshalb müssen Sie Ihren Gegner mit viel Gespür beobachten. Tauchen Sie in seine Erfahrungswelt ein, und versuchen Sie herauszufinden, was er wirklich vorhat.

Das ist eine sehr widersprüchliche Kunst, doch die Vorteile sind enorm groß. Sobald Sie mit den Augen Ihres Gegners zu sehen vermögen, wird Ihre Verschmelzung vollständiger und effektiver sein. Mit diesem Wissen können Sie sich mit seinem Fluß mitbewegen und am Gesamtverlauf kleine Korrekturen vornehmen. Wenn Sie das geschickt tun, dann können Sie sich dem Angriff auf die nötige Weise anpassen, ohne dabei sich selbst oder den Gegner einem zu großen Risiko auszusetzen.

Damit gehen noch weitere Vorteile einher. Wenn Sie mit dem Angriff Ihres Gegners verschmelzen, dann können Sie zu der Erkenntnis gelangen, daß seine Ansicht letzten Endes gar nicht so irrational, ungerechtfertigt oder unmoralisch ist. Dadurch könnte der Konflikt ohne weitere Bemühung gelöst werden. Paradoxerweise kann eine auf Sieg ausgerichtete Strategie schließlich zu gegenseitigem Verständnis und einem friedlichen Miteinander führen. Diese Möglichkeit sollten Sie begrüßen.

Die Kunst des Fallens

Ich stehe auf. Ich gehe. Ich falle.
In der Zwischenzeit tanze ich weiter.
  Rabbi Hille

Wenn du fällst, tauche.
  Verfasser unbekannt

Selbst der geschickteste Meister in der Kunst, mit Konflikten umzugehen, wird gelegentlich sein Gleichgewicht verlieren, seine Reichweite überschätzen oder sich ablenken lassen. Er kann ein Hindernis übersehen, seinen Gegner überschätzen oder es versäumt haben, Grenzen zu setzen. Zu irgendeinem Zeitpunkt in seinem Leben wird er zu Fall gebracht werden, entweder im wortwörtlichen oder übertragenen Sinn. Er wird einen Sturz hinnehmen müssen.

Die Eule ist sich dieser Möglichkeit sehr wohl bewußt. Als schöpferisches Wesen, das Irrtümern unterliegt, weiß sie, daß ihr gesamtes Verhalten, ihre Methoden, Annahmen und Schlußfolgerungen potentiell falsch sein können. Deshalb übt sie sich darin, mit Anmut zu fallen. Sie lernt, durch das Unerwartete sanft hindurchzugehen und wieder in einen Zustand des dynamischen Gleichgewichts zurückzugelangen. Bei dieser Kunst ist ein anmutig ausgeführter Fall kaum noch ein Fall, sondern eher ein Übergang.

Die psychologische Kunst spiegelt die physische wider. Beim physischen Fall führt übertriebene Starrheit zu gebrochenen Knochen, das Ergebnis übermäßigen Nachgebens wiederum sind traumatisierte Gelenke und geschundenes Gewebe. Deshalb erfordert guter Bodenkontakt eine ausgeglichene physische Konzentration, die gleichzeitig stark und nachgiebig, hart und weich ist. Der der Eule ähnelnde Athlet kämpft nicht gegen den Boden an, läßt aber auch nicht zu, daß dieser ihn bestraft.

Hierbei ist Ihre Einstellung gegenüber Fehlern von entscheidender Bedeutung. Wenn Sie Fehler und eine schlechte Beurteilung allzu schnell akzeptieren, dann wird Ihre Leistung stagnieren. Wenn Sie den Irrtum als Feind ansehen, dann werden Sie steif und unflexibel – und dann werden Sie den Sturz, den Sie so sehr zu vermeiden suchten, höchstwahrscheinlich doch hinnehmen müssen. Wenn Sie zu sehr gegen Fehler ankämpfen, dann werden Sie niemals in der Lage sein, Hochleistungen zu vollbringen. Wie in vielerlei Hinsicht, so ist auch hier die optimale Beziehung widersprüchlich. Für die Eule sind Fehler sowohl Feinde als auch Verbündete.

Wenn Sie einen Fehltritt tun, sei es nun physisch oder im übertragenen Sinne, dann sollten Sie Ihren Irrtum so früh wie möglich anerkennen, ihn mit größtmöglicher Anmut ausgleichen und dann zu Ihrem ursprünglichen Ziel zurückkehren. Darin besteht die Kunst des Fallens.

In einer Begegnung, in der Konflikte auftreten, kann alles

passieren. Es kann alles nach Plan laufen, die Beziehung kann jedoch ebensogut eine vollkommen neue Richtung bekommen. Deshalb müssen Sie sich Alternativen für das, was kommen kann, ausdenken und für jedes Treffen eine Strategie entwickeln, mit deren Hilfe Sie wieder aus der Situation herauskommen können. Gehen Sie niemals davon aus, daß Ihre Taktik auch das von Ihnen beabsichtigte Resultat erzielen wird.

Leider verspüren viele von uns Widerwillen dagegen, eine Sache noch einmal zu überprüfen. In unsere ursprünglichen Pläne haben wir Zeit und unser Ego gesteckt und halten deshalb an ihnen fest. Doch je mehr Sie sich gegen eine Überprüfung wehren, desto härter wird Ihr Fall sein. Die Fehler und Unzulänglichkeiten des ursprünglichen Planes werden sich mit der Zeit vervielfachen. Schließlich wird er vollkommen fehlschlagen, und Sie werden zu Boden geschleudert werden.

Im Gegensatz dazu akzeptiert die Eule die Fehler, die bei allen menschlichen Unternehmungen auftreten können. Betrachten Sie Ihren ursprünglichen Plan als einen Idealplan, dessen Umsetzung vollkommen von der Gnade der Realität abhängt. Er ist ganz sicher an irgendeiner Stelle fehlerhaft. Seien Sie deshalb nicht überrascht, wenn er nicht das hält, was er verspricht. Gehen Sie von vornherein davon aus.

Hier geht es nicht ums Versagen. Ihr Alternativplan ist wahrscheinlich viel angemessener und ästhetischer als Ihr ursprünglicher Plan. Der Zweck des ursprünglichen Plans bestand darin, Ihren Handlungen eine Richtung zu geben, wie grob diese auch immer gewesen sein mag. Wenn er aufgegeben wird, dann ist das kein Grund, sich zu grämen. Ersetzen Sie ihn einfach durch einen anderen Plan, und fahren Sie mit Ihrer Angelegenheit fort. Die Meisterschaft liegt im Übergang.

Sobald Sie sich einer Alternative zuwenden, müssen Sie natürlich auch hier unvermeidbare Fehler mit einkalkulieren. Beim anmutigen Fall erfolgt ein sanfter Übergang vom ursprünglichen zum alternativen Plan; dann wird eine weitere Alternative erdacht und ein neuer Übergang. Dieser Prozeß kann immerzu weitergehen.

Für die Eule ist eine Unterbrechung nicht nur statthaft, sondern sogar wesentlich. Beobachten Sie einmal, wie scheinbare Katastrophen zur Gesundheit unseres Ökosystems beitragen. Ebenso wie Feuerkatastrophen, Wirbelstürme und Dürreperioden natürliche Systeme in einem Zustand produktiven Fließens halten, so markieren auch im kreativen Leben des eulenhaften Künstlers Fehler einen neuen Anfang. Unterdrücken Sie diese Ereignisse nicht! Lassen Sie zu, daß in Ihrer Erfahrungswelt Brände wüten, die Ihre kreativen Kräfte regenerieren. Respektieren Sie Ihre Mißerfolge.

Der Anfänger betrachtet das Gespräch über Fallen und Rückzug als Ablenkung und empfindet es sogar als entehrend. Er glaubt, daß es einen Mangel an Geist und Vertrauen anzeigt. Die Eule weiß es jedoch besser. Das Einplanen von Rückzug und Fehlschlägen ist ein einfacher Akt der Intelligenz, der der unberechenbaren Natur des Universums Rechnung trägt. Wenn etwas Unehrenhaftes darin liegt, dann könnte das höchstens darin bestehen, daß jemand unbewußt davonfliegt und die Gefahr aus den Augen verliert.

KAPITEL II

Kreative Manöver und Beziehungen

Erstes Prinzip:
Der Feind könnte recht haben

»Wünschen« und »Wollen« bringen den Fuß zu Fall, »Ist« jedoch macht den Weg sanfter.
  Weisheit des Aes Sedai
  Robert Jordan, *The Fires of Heaven*

Die Weisheit der Eule beruht auf dem Prinzip, daß der Feind, ganz egal, wie er sich verhält, niemals im Unrecht ist. Ob er Sie nun beleidigt, Sie am Kragen packt, Ihnen ein Messer in die Rippen sticht oder Ihnen ein unverschämtes Verfahren anhängt, all das macht keinen Unterschied: Der Feind ist ganz einfach da.

Der Anfänger lehnt diesen Ansatz natürlich rundheraus ab. Er wird wütend und ärgert sich, wenn er auf Widerstand stößt. Er beschimpft seine Feinde und beklagt sich über deren unvernünftiges Verhalten.

Das spricht nicht gerade für einen besonders klugen Einsatz der Intelligenz. Die Beschwerden des Anfängers über das Verhalten seines Gegners können durchaus zutreffen, doch sie sind irrelevant. Ob es Ihnen nun gefällt oder nicht: Widerstand gehört zum Leben. Egal, was der Feind auch tut, ob er unmoralisch, ungerecht oder unrechtmäßig handelt, hier haben wir es mit dem Mittel zu tun, von dem der Künstler Gebrauch macht. Mit diesem Material müssen wir arbeiten.

Aufgrund dieser Erkenntnis akzeptiert die Eule jeden Angriff, der ihr begegnet, und reagiert mit Anmut auf ihn. Feinde sind zu allen möglichen Verhaltensweisen fähig – manchmal sind diese rational, manchmal abwegig. Die Aufgabe der Eule besteht nicht darin, das Verhalten des Feindes auf seine moralische Korrektheit hin zu überprüfen, sondern mit Kreativität und Intelligenz darauf zu reagieren.

In einem Kampf ist jegliches Verhalten möglich und irgendwie auch akzeptabel. Denn der Angriff des Gegners, sei er nun verbal oder körperlich, aggressiv oder subtil, *ist* eben einfach da. Ob Sie damit einverstanden sind, ist irrelevant; wichtig ist die Qualität Ihrer Reaktion.

Wenden Sie dieses Prinzip nicht nur auf den Bereich des Nahkampfes an, sondern auf alle Formen von Widerstand, mit denen Sie es zu tun haben. Machen Sie den Feind zu dem Modell, an dem Sie sich in Ihrem Leben orientieren.

In diesem Sinne ist Ihre mißliche Lage niemals falsch; sie *existiert* einfach. Ihre Umgebung hat niemals unrecht; Ihre Umgebung *ist* einfach da. Ihr Gesundheitszustand ist niemals falsch. Ihre Regierung ist nie im Unrecht. Ihr Partner ist nie im Unrecht.

Geben Sie Ihren Widerstand gegenüber dem Widerstand auf. Nehmen Sie den Feind so, wie Sie ihn vorfinden, und nicht, wie Sie ihn haben möchten. Wenn Sie dieses Prinzip einmal verinnerlicht haben, dann werden Sie augenblicklich eine dramatische Verbesserung Ihrer Leistung feststellen. Wenn Sie die Trägheit der Analyse und des Beurteilens aufgeben, dann werden Sie nicht länger feststecken. Sie werden beweglich, wach und aktiv sein.

Körper und Geist

Oh, es ist hervorragend, die Stärke eines Riesen zu besitzen, aber es ist Tyrannei, sie wie ein Riese einzusetzen.
   Shakespeare

Für denjenigen, der anstrebt, eine Eule zu werden, beginnt die grundlegende Beziehung, von der alles weitere abhängt, mit der physischen Welt. Auf dieser Ebene kann ohne Kompetenz keine Meisterschaft erlangt werden.

Bei seiner Erfahrung mit dem Körperlichen versucht der Anfänger, auf grobe Art und Weise Kontrolle über seinen Körper auszuüben. Sein Streben richtet sich darauf, daß der Geist über die Materie siegt, oder um es genauer zu sagen, daß sich der Geist gegen die Materie richtet. Dabei sind die Werkzeuge, derer sich der Anfänger bedient, Gewalt, Macht und Kontrolle – ein immer größerer Hammer. Seine Einstellung ist von Feindschaft und Dissonanz geprägt.

Letztlich sind bei dieser Vorgehensweise Niederlagen vorprogrammiert. Wenn Geist und Materie sich bekriegen, wird die Materie schließlich den Sieg davontragen. Das Beste, worauf der Anfänger hoffen kann, ist sporadische Kontrolle, die zwischen harter Dominanz und dem unerwarteten, katastrophalen Mißerfolgt schwankt.

Oder aber der Anfänger wird passiv, nachgiebig und gibt Macht und Kontrolle auf. In diesem Falle stellt er den Geist *unter* die Materie und wird durch den Strom der Ereignisse fortgerissen. Dann ist der Mißerfolg auch vorprogrammiert.

Die einzig mögliche Lösung besteht in einem harmonischen Ineinandergreifen von Geist und Materie, in einer kooperativen Verbindung. Hier vermischt sich der Geist des Künstlers mit der Materie und übt eine teilweise, vorläufige Kontrolle aus. Seine Werkzeuge dazu sind Sensibilität, Aufmerksamkeit und Verstehen. Es ist ein Weg der sanften Überzeugung und der intelligenten Machtausübung, aber es ist niemals rohe Gewalt.

Untersuchen Sie die Materialien, die Sie gebrauchen, und respektieren Sie ihre Beschaffenheit. Seien es nun Holz, Metall, Papier oder Stoff, stellen Sie in jedem Fall Ihre Berührung auf sie ein. Üben Sie soweit notwendig Kontrolle und Einfluß aus, aber achten Sie darauf, daß die Harmonie mit den Grundeigenschaften gewahrt bleibt. Werden Sie eins mit dem Medium. Gehen Sie mit dem Schweren stark, mit dem Zerbrechlichen sanft und mit dem Unbeholfenen anmutig um.

Das Letzte zuerst

Kein Ziel zu haben ist schlimmer,
als keines zu erreichen.
  Schuler

Die Eule fliegt nicht auf gut Glück los. Bevor Sie zum Flug ansetzt, weiß sie, wohin sie fliegen wird und warum. Die gewählten Ziele geben ihr einen Fokus, sie sind Prüfsteine, auf die sie sich mitten im Chaos verlassen kann. Durch diese Ziele erhält ihre Aufmerksamkeit eine grundlegende Orientierung, und sie wird davon abgehalten, impulsiv loszupreschen.

Da unsere Welt in ständigem Fluß ist, sind unsere Ziele in der Regel beweglich. Ein statisches Ziel wird nach einiger Zeit unbedeutend oder sogar gefährlich werden. Das weise Ziel von heute kann schon morgen das Ziel des Narren sein. Äußerste Genauigkeit, die sich auf das falsche Ziel richtet, ist eine Verschwendung von Zeit und Können. Deshalb erneuert die Eule ihre Ziele fortwährend und läßt sich nicht davon blenden, wenn sie einmal ins Schwarze getroffen hat.

Ungenaue Ziele sind bekanntermaßen schwer zu treffen – Abstraktionen geben kein Feedback. Sie werden niemals in Erfahrung bringen können, ob Sie Ziele wie »Frieden«, »Sicherheit« oder »Glück« erreicht haben. Deshalb ergänzt die

Eule ihre Vorstellungskraft durch Präzision. Sie arbeitet an bestimmten Details und versucht, die einzelnen Punkte ihres Ziels ständig zu verfeinern. Aussichten auf Erfolge sind dann gegeben, wenn man bescheiden bleibt und das Erreichbare anstrebt.

Die Qualität unserer Ziele wird durch unsere Wahrnehmung bestimmt. Stellen Sie sich den Anfänger vor. Wenn er auf Widerstand stößt, dann bezeichnet er ihn als »Problem«, das er mittels Strategien, Taktiken oder Techniken zu lösen versucht. Seine Einstellung ist von Negativität, Reaktion und Feindseligkeit geprägt.

Im Gegensatz dazu fängt die Eule mit einer Vorstellung von etwas an, das sie gerne lebendig werden lassen würde. Sie lebt in enger Verbundenheit mit ihrer Kreativität. Dieser Ansatz ist positiv, aktiv und wachstumsorientiert. Da sie sich darauf konzentriert, ihre Vision Gestalt annehmen zu lassen, tauchen viele der »Probleme«, die den Anfänger plagen, niemals auf. Durch diese kreative Herangehensweise transzendiert die Eule Probleme, indem sie über sie hinausgeht.

Aufgrund ihrer überlegenen Erfahrung neigt die Eule dazu, Konflikte in Beziehungen nicht als Probleme oder Hindernisse anzusehen, sondern als kreative Ausdrucksmöglichkeiten. Statt sich auf etwas zu konzentrieren, das sie gerne loswerden würde, richtet sie ihre Konzentration auf etwas, dem sie gerne Gestalt verleihen würde. Statt sich Konflikten zu widersetzen, begrüßt die Eule den ihnen innewohnenden Wert. Bei jeder Begegnung mit Widerstand ergibt sich die Möglichkeit, Bildung, Schönheit, Bedeutung und Wert zu erfahren.

Sowohl Problemlösung als auch kreative Ansätze sind wertvolle Bestandteile ihres Repertoires. Doch in der folgenden Situation sollten Sie keine Zweifel aufkommen lassen – ein scharfes Messer an der Kehle ist ein eindeutiges Problem, das so schnell wie möglich gelöst werden sollte. Doch eigentlich ist die Eule stärker an Kreativität interessiert als daran, Probleme zu lösen. Denken Sie daran, daß Klang für den Musiker kein Problem ist. Farbe ist kein Problem für den

Maler und Bewegung keines für den Tänzer. Im Gegenteil, für die Künstler handelt es sich hier um Möglichkeiten, sich kreativ zu betätigen.

Setzen Sie sich mit den Problemen, die gelöst werden müssen, auseinander, doch lassen Sie sich nicht von ihnen niederdrücken. Schauen Sie über die Probleme hinaus auf die Vision dessen, was Sie erschaffen möchten. Schaffen Sie eine Synthese; arbeiten Sie gleichzeitig an den Problemen und an Ihren Visionen. Lassen Sie sich nicht von den Unannehmlichkeiten der Dinge irritieren, die Sie nicht wollen. Lassen Sie vielmehr eine Vorstellung von dem entstehen, was Sie wollen, und verfolgen Sie es dann mit Leidenschaft.

Suchen Sie den Ursprung

Für den Anfänger sind die meisten Konflikte undefinierbare, verschwommene Angelegenheiten. Wie ein hilfloser Boxer kämpft er in der Dunkelheit gegen unbekannte Kräfte an. Ungeschickt stolpert er und verschwendet seine kreative Energie. Er weiß nie mit Sicherheit, wo der Widerstand eigentlich herkommt. Die Eule hingegen erkennt den Widerstand klar und präzise. Sie geht direkt auf die Quelle des Widerstands zu.

In einigen Fällen ist die Situation eindeutig. Wenn ein Fremder Sie auf der Straße angreift, dann wissen Sie mit Sicherheit, wer Ihr Gegner ist. Doch in vielen Fällen gibt sich der Gegner nicht so eindeutig zu erkennen. Der Anfänger nimmt an, daß die Person, die ihn wahnsinnig macht, sein Gegner sei, doch das kann genausogut eine Fehleinschätzung sein. Der Widerstand, auf den er stößt, kann ganz woanders herkommen. Oft sind Konflikte ein Wirrwarr aus Projektionen, Mißverständnissen und Kommunikationsstörungen. In solchen Fällen lautet die Frage der Eule nicht nur: »*Wer* ist der Gegner?«, sondern auch: »*Was* ist der Gegner?«. Das Problem muß nicht immer durch eine Person bedingt sein, sondern es kann sich dabei ebenso um eine Persönlichkeit handeln, es muß kein Individuum, sondern es kann eine Einstellung sein, keine Organisation, sondern eine Vorgehensweise.

Richten Sie Ihre Intelligenz auf die letzte Quelle des Widerstands, dem Sie begegnen, und beschreiben Sie Ihre Zwangslage mit der größtmöglichen Genauigkeit. Worin besteht der Konflikt eigentlich? Besteht er in einer Person oder in deren Verhalten? In einer Gewohnheit, einer verbalen Äußerung oder einem Mangel an Aufmerksamkeit? Handelt es sich wirklich um einen Angriff? Geschieht er absichtlich? Was wird angegriffen? Ist das Problem »dort draußen« oder »hier drinnen«?

Versuchen Sie, so nah wie möglich zum Kern der Sache vorzudringen. Kämpfen Sie den Kampf, um den es wirklich geht, und überprüfen Sie immer wieder Ihre Einschätzung. Gegner ändern sich, und es werden neue Bündnisse geschlossen. Wenn Sie feststellen sollten, daß Sie sich die falsche Schlacht mit dem falschen Gegner geliefert haben, dann geben Sie Ihre Bemühung auf, und passen Sie sich der veränderten Lage an.

Der tiefste Ursprung für das Kampfverhalten des Menschen ist Unsicherheit. Dutzende von Malen am Tag stellt irgend jemand die grundlegende Frage: »Ist das sicher?« Die Antwort setzt eine ganze Flut von psychologischen und unser Verhalten prägenden Reaktionen in Gang. Wenn ich mich sicher fühle, dann neige ich dazu, Zugeständnisse zu machen, zu verhandeln, meine Position neu zu definieren und Fragen zu stellen. Wenn ich mich bedroht oder unsicher fühle, dann neige ich dazu, zur Waffe zu greifen, um mich zu verteidigen oder in einem Angriff wild um mich zu schlagen.

Wenn Sie auf Widerstand stoßen, sollten Sie immer davon ausgehen, daß da irgendwo Unsicherheit am Werke ist – entweder sind Sie selbst unsicher oder Ihr Gegner oder aber Sie alle beide. Wenn Sie eine Atmosphäre der Sicherheit schaffen können, dann können Sie dadurch einen echten Fortschritt erzielen. Drohungen und unberechenbares Verhalten verstärken die Unsicherheit nur und erhärten den Widerstand. Verringern Sie die Unsicherheit, und der Widerstand wird nachlassen.

Wenn der Anfänger nach der Ursache eines Konflikts sucht, dann geht er normalerweise davon aus, daß sie beim Gegner liegt. Er glaubt, daß die meisten Streitigkeiten und Meinungsverschiedenheiten in seinem Leben auf Fehler anderer Menschen zurückzuführen seien. Jemandem die Schuld zuzuschieben, ist einfach: *Sein* Verhalten war unsensibel, *ihre* Einstellung war feindselig, *ihre* Forderungen waren unvernünftig. Wenn Wut und Chaos aufflackern, dann zeigt der Anfänger in dem Versuch, seine Position zu sichern und ein Gefühl der Sicherheit wiederzugewinnen, mit dem Finger auf die anderen und weist ihnen die alleinige Schuld zu. Leider wird durch diesen psychologischen Erste-Hilfe-Trick die Situation nur noch verschlimmert.

Bei ihrer Lösung macht die Eule genau das Gegenteil. Statt weiterhin Widerstand zu leisten oder Schuldzuweisungen vorzunehmen, weicht sie ihre defensive Haltung auf und richtet ihren Blick nach innen; sie wendet sich dem Yin zu und fragt: »Ist dieser Konflikt das Ergebnis meiner eigenen Arroganz, meines Fanatismus oder meiner Engstirnigkeit? Was ist meine eigentliche Motivation? Was habe ich getan, um dieses Dilemma zu schaffen? Hätte ich früher handeln sollen? Welche inneren Veränderungen könnte ich vornehmen, um diese Situation jetzt sofort lösen zu können?«

Es ist ganz natürlich, gegen diesen Prozeß Widerwillen zu hegen. Wenn wir in den Spiegel blicken, dann ist das, was wir sehen, nicht immer besonders schön. Wir sehen unsere eigenen Schwächen und Dummheiten. Dieser Prozeß mag unangenehm sein, doch er ist auf lange Sicht von Vorteil. Wenn Sie Fehler im Spiegel entdecken, dann können Sie Änderungen vornehmen. Wenn Sie diesen Blick nicht wagen, dann werden Sie weiterhin ein Opfer Ihrer eigenen Kurzsichtigkeit bleiben.

Der Blick nach innen verspricht doppelten Gewinn. Zunächst einmal ist er ansteckend und entwaffnend; er schafft eine Atmosphäre der Sicherheit. Wenn man auf irgendeine Weise sagt: »Es war mein Fehler«, dann nimmt man dem Angreifer den Wind aus den Segeln. Außerdem lernen wir uns selbst besser kennen, und wir werden effektiver. Deshalb schaut die Eule bei jeder Gelegenheit nach innen.

Seien Sie aktiv, nicht reaktiv

Handle nicht beim ersten Impuls; die Leute werden bald die Eintönigkeit erkennen, und wenn sie es bereits im voraus ahnen, deinen Plan vereiteln. Es ist leicht, einen Vogel im geraden Fluge zu töten, aber keinen, der sich dreht und seine Richtung ändert.
Balthasar Gracián, *Die Kunst der Weltklugheit*

Eine unreife Strategie gibt Grund zum Trauern.
Miyamoto Musashi, *Das Buch der fünf Ringe*

Der Anfänger reagiert. Jedesmal wenn er einen Reiz erfährt, dann laufen seine Gedanken und Verhaltensweisen nach eingefahrenen Mustern ab. Er lebt von Assoziationen und könnte sich niemals vorstellen, daß Beziehungen auf weitaus mehr beruhen als auf Ursache und Wirkung.

Leider macht das Verhalten des Anfängers ihn berechenbar, schwach und ineffektiv. Indem er auf eine Zwangslage automatisch reagiert, macht er sich zu demjenigen, der kontrolliert wird – er ist Opfer und nicht Künstler. Am allerschlimmsten ist jedoch, daß sich sein Verhalten nicht ändert, um sich den sich weiterentwickelnden Bedingungen anzupassen. Er steckt fest.

Durch automatisches Reagieren werden Konflikte intensiviert und Widerstände aufgebaut. Wenn zwei stark auf automatische Verhaltensmuster fixierte Personen oder Gruppen miteinander in Konflikt geraten, dann zieht sich die Spirale des Konfliktes immer mehr zu, da jeder reflexartig auf die Aggression des Gegenübers reagiert. Konflikt löst eine Reaktion aus, die ihrerseits wiederum eine Gegenreaktion in Gang setzt, die zu einer Reaktion auf die Gegenreaktion führt und schließlich zu Gewalt, die beide Seiten verletzt.

Historiker behaupten, daß ein unterlegener General immer den letzten Kampf kämpfe. Er lernt eine Lektion, die er dann als Reaktion auf jede Situation anwendet, und dabei vergißt er, daß jeder Kampf und jeder Feind einzigartig sind. Die Eule betrachtet im Gegensatz dazu jeden Konflikt mit den wachen Augen der erfahrenen Unschuld. Sie lernt aus der Vergangenheit, mißt ihr jedoch nicht mehr Bedeutung bei, als sie wirklich verdient. Geschichte kann sich wiederholen, doch kann sie ebenso in einem nichtlinearen, chaotischen Sprung abheben. Halten Sie sich nicht sklavisch an ein bestimmtes historisches Modell. Fechten Sie den heutigen Kampf heute aus.

Auf der Suche nach einer effektiven Handlungsweise ist unser erster Impuls manchmal derjenige, der am sinnvollsten und angemessensten ist und der auf der stärksten Inspiration beruht. Manchmal ist unsere erste Reaktion aber auch impulsiv, dumm und rückschrittlich. Hier wirkt sich Übung vorteilhaft aus. Bei seinen ersten Versuchen produziert ein Klavierschüler einfach nur Lärm, die Improvisationen eines Meisters der Musik hingegen sind auf spontane Weise perfekt. Die zweiten und dritten Versuche des Schülers sind wahrscheinlich schon musikalischer, so wie der zweite bzw. dritte Versuch eines Meisters durchgestaltet sein kann. Der Anfänger kann es sich nicht leisten, impulsiv zu handeln, da er keine Grundlage besitzt. Die Eule kann sich diesen Luxus erlauben, da sie auf diszipliniertes Üben zurückgreifen kann.

Letzten Endes besteht das Ziel der Eule darin, in die Phase zwischen Reiz und Reaktion eine Zeit des Reflektierens, der Kreativität und Intelligenz einzubringen. Beobachten Sie einmal Ihre eigenen Reaktionen. Reagieren Sie jedesmal auf dieselbe Art, wenn jemand Ihr Territorium bedroht oder mit Ihrer

Position nicht einverstanden ist? Ist Ihr Verhalten berechenbar?

Der Schlüssel dafür, um bloßes Reagieren zu transzendieren, ist Bewußtheit. Hinterfragen Sie sowohl den Reiz als auch die Reaktion. Betrachten Sie den Konflikt in einem größeren Kontext. Verlangsamen Sie Ihr Tempo, atmen Sie durch, und schieben Sie Ihre Befriedigung auf – versuchen Sie nicht, auf jeden Impuls zu reagieren. Zeit und Geduld sind großartige Krieger, die Sie von den eingefahrenen Gleisen bloßen Reagierens fernhalten.

Versuchen Sie, Muster durch neue Bewegung zu durchbrechen. Entscheiden Sie, welche Kämpfe Sie ausfechten wollen und welche nicht. Wenn Sie sich in einem Zyklus automatisierter Reaktionen vorfinden, dann treten Sie einen Schritt zur Seite, und versuchen Sie, einen innovativen Ausweg zu finden, Ihre Erfindungsgabe einzusetzen, um diesen Zyklus zu durchbrechen. Seien Sie unberechenbar, auch sich selbst gegenüber.

Seien Sie ein würdiger Gegner

Ihr dürft nur Feinde haben, die zu hassen sind, aber nicht Feinde zum Verachten. Ihr müßt stolz auf Euern Feind sein: dann sind die Erfolge Eures Feindes auch Eure Erfolge.
Friedrich Nietzsche, *Also sprach Zarathustra*

Meine Freunde wähle ich nach ihrem guten Aussehen aus, meine Bekannten nach ihrem guten Charakter und meine Feinde nach ihrem Intellekt. Man kann bei der Wahl seiner Feinde nicht wählerisch genug sein.
Oscar Wilde

Ob es Ihnen gefällt oder nicht, Sie werden in Ihrem Leben, Ihrem Beruf und Ihren Beziehungen auf Widerstand und Gegenwehr stoßen. Diesem Dilemma können Sie nicht entkommen. Sie könnten sich dafür entscheiden, Widerstand zu leisten, aber das würde nur zu Frustration führen. Wenn Sie mit Überlegenheit an die Sache herangehen, werden Sie Ihre Fähigkeiten verbessern und die Qualität Ihrer Leistung anheben. In diesem Sinne strebt die Eule danach, ein hervorragender Kämpfer und ein guter Feind zu werden.

Für den Anfänger ist diese Vorstellung unverständlich. Er trifft keine Unterscheidung zwischen einem guten und einem schlechten Feind. Er möchte einfach nur in Ruhe gelassen werden – Gegenspieler stellen sich ihm in den Weg und stören sein Glück. Für den Anfänger ist der einzig gute Feind der nicht vorhandene Feind.

Tatsächlich ist jedoch ein guter Feind ein Wesen von hohem Wert. Er hält uns auf Trab, so daß wir nach neuen Fähigkeiten und verborgenen Talenten suchen müssen; er bewirkt, daß wir uns anstrengen. Er beobachtet, worauf wir unsere Aufmerksamkeit richten, und wenn wir uns ablenken lassen, dann bringt er sich mit einem sauberen und gezielten Schlag in Erinnerung. Er fordert uns dort heraus, wo wir Schwächen haben, er bringt uns ein wenig aus dem Gleichgewicht und zwingt uns dazu, uns ständig an die veränderte Lage anzupassen. Seine Taktiken sind vielfältig und unvorhersehbar. In diesem Sinne ist der Feind ein Verbündeter, ein Lehrer und möglicherweise sogar ein Heiler.

Der gute Feind ist aufrichtig. Er respektiert den Prozeß des klugen Widerstands, er achtet seinen Gegner und bewahrt immer sein Gesicht. Bei der Begegnung mit ihm soll niemand erniedrigt werden, sondern es geht darum, größere Meisterschaft in einem für beide Seiten förderlichen Prozeß zu erlangen. Ein guter Feind ist eine seltene und wunderbare Entdeckung.

Der schlechte Feind andererseits ist dumm und unsensibel. In seiner Unwissenheit richtet er seinen Angriff wahllos gegen Schwachpunkte und Stärken. Seine Attacken sind weder anmutig noch lehrreich, sie sind einfach nur gewalttätig. Sein Widerstand ordnet nichts und erschafft nichts, er erzeugt einfach nur Reibung und verbraucht unsere Kraft. Man kann wenig hinzugewinnen, wenn man es mit einem schlechten Feind zu tun hat, und die Eule vermeidet eine solche Begegnung, wann immer möglich.

Die Welt ist voll von schlechten Feinden. Sie begegnen uns überall. Menschen, die sich uns unwillkürlich in den Weg stellen, die impulsiv mit Worten oder Fäusten um sich schlagen. Der Weg der Eule, mit diesen schlechten Feinden umzugehen, sieht so aus, daß sie ihnen dabei hilft, ihre Leistung zu verbessern. Verwickeln Sie solche Menschen in einen lehrreichen Kampf. Seien Sie einem schlechten Feind ein würdiger Gegner. Zeigen Sie ihm mit präzisen, fokussierten Schlägen seine Schwächen auf. Bringen Sie seinen Fähigkeiten Respekt entgegen, doch stoßen Sie ihn auf seine verletzlichen Stellen. Erweitern Sie seine Grenzen, indem Sie ihn ein wenig aus dem Gleichgewicht bringen.

Im Laufe der Zeit wird Ihr schlechter Feind neue Fähigkeiten entwickeln. Seine Leistung wird an Raffinesse zunehmen, und es könnte sogar sein, daß er die Ihrige übertrifft. Aber das wäre dann ein Sieg und keine Niederlage. Sie haben einen Störenfried in einen Verbündeten verwandelt, ein Ärgernis in einen Lehrer. Aus diesem Bemühen können Sie gar nicht als Verlierer hervorgehen. Sie werden sich zumindest geschickt und anmutig verteidigen müssen. Wenn Sie über die entsprechenden Fähigkeiten verfügen, dann werden Sie aus Ihrem Gegner, einem unfreundlichen, mürrischen Ekel, einen Verbündeten machen, der Ihnen bei Ihrer Suche nach der eigenen Meisterschaft zur Seite steht.

Präventiv handeln

*Wehre den Anfängen, betrachte das knospende Unheil, bevor es
Zeit hat, zur Reife heranzuwachsen.*
  Shakespeare

*Derjenige, der sich darin auszeichnet, Schwierigkeiten zu lösen, tut
es, bevor sie auftauchen. Derjenige, der sich darin auszeichnet,
seine Feinde zu erobern, triumphiert, bevor Drohungen konkrete
Gestalt annehmen.*
  Sunzi

Die Eule sieht einen Kampf auf sich zukommen. Jemand wird
sie ausnutzen, ihre Integrität verletzen oder ihr einen Schlag
gegen den Kopf versetzen. Statt passiv auf den schicksalhaf-
ten Moment zu warten, tritt sie in Aktion: Sie kommt ihrem
Gegner zuvor.

  Präventiv zu handeln ist eine äußerst wirtschaftliche Strategie, um mit Konflikten umzugehen. Wenn der Konflikt noch
frisch ist, ist er noch formbar. Der Angreifer ist noch nicht von
Emotionen aufgezehrt oder auf ein bestimmtes Ergebnis fixiert. Es stehen verschiedene taktische Alternativen zur
Wahl, und das Risiko ist gering. Da die Eule wenig Unklarhei-
ten, Angst oder Zeitdruck verspürt, kann sie entspannt und
wach bleiben. An diesem Punkt ist es leicht zu handeln. Geringfügige Maßnahmen können den Widerstand leicht brechen und wieder Harmonie in eine Beziehung bringen.

  Der Anfänger zögert in seiner Angst und seiner Unwissenheit sein Vorhaben hinaus. Doch aufgeschobene Probleme
tendieren dazu, immer größer zu werden, durch Verzögerun-
gen werden Schwierigkeiten nur verstärkt. Der Anfänger
denkt, daß er sich die Mühe sparen kann, aber tatsächlich
wird das Problem mit jedem Augenblick nur noch größer.
Wenn sich in der konfliktreichen Beziehung zunehmend
zwei Lager bilden, muß er äußerste Geschicklichkeit, Energie
und Kraft aufwenden, um noch ungeschoren aus der Situa-

tion herauszukommen. Schließlich wird alle Kunst der Welt im Umgang mit Konflikten nicht mehr ausreichen, um eine gewaltsame Konfrontation zu verhindern.

Deshalb besteht das Ziel der Eule darin, so früh wie möglich zu handeln, bevor der Widerstand Gestalt annimmt. Laotse war derjenige, der als erster für präventives Handeln eintrat:

> *Es ist einfach, eine Situation aufrechtzuerhalten, solange sie noch sicher ist;*
> *Es ist einfach, mit einer Situation umzugehen, bevor sich Symptome entwickeln;*
> *Es ist einfach, eine Sache zu zerbrechen, wenn sie noch spröde ist;*
> *Es ist einfach, eine Sache aufzulösen, wenn sie noch ganz winzig ist.*
> *Gehe mit einer Sache um, solange sie noch ein Nichts ist;*
> *Halte ein Ding in Ordnung, bevor die Unordnung einsetzt.*

Diese Art, mit den Dingen umzugehen, erfordert Feinfühligkeit; sie besteht in kleinen Korrekturen, zeitlichen Anpassungen und leichten Berührungen. Sie erfordert die größte Aufmerksamkeit für das kleinste Detail einer sich möglicherweise entwickelnden Dynamik. Greifen Sie den Dingen im Geiste voraus. Untersuchen Sie die Trends, und halten Sie Ausschau nach dem, was gerade im Entstehen begriffen ist. Lao-tse hätte es vielleicht so ausgedrückt: »Die Eule muß an dem arbeiten, was noch nicht da ist.«

Dadurch, daß die Eule sich an die Logik hält, die dieser Handlungsweise zugrunde liegt, erkennt sie, daß ihr hinsichtlich des frühestmöglichen Zeitpunkts, wann es zu handeln gilt, keine Grenzen gesetzt sind. Aus dieser Perspektive heraus steht ihr eine große Zahl von Wahlmöglichkeiten zur Verfügung. Bei der ersten geht es um den kreativen und ökologischen Aufbau von Beziehungen. Kommunikation baut Widerstände ab und besänftigt den ungestümen Geist. Diese

Bemühungen sind allen Seiten dienlich und verringern die Wahrscheinlichkeit von Aggressionen.

Der Anfänger glaubt nicht, daß Güte und Respekt Taktiken zur Selbstverteidigung sind, aber sie stammen tatsächlich aus dem Bereich des Kampfsports. Es ist relativ unwahrscheinlich, daß ein zufriedener Mensch, der sich seiner Gesundheit und Sicherheit erfreut, mit seinem Nachbarn einen Krieg beginnen wird. Menschlichkeit zu zeigen ist nicht nur der einzig richtige Weg, sondern auch das Beste, was Sie tun können.

Bei einer vorausschauenden Handlungsweise ist Gewalt die letzte Zufluchtsmöglichkeit. In diesem Fall besteht das Ziel darin, den Gegner außer Gefecht zu setzen oder ihn zu zerstören, noch bevor er zum Angriff ansetzt. Das kann in Ausnahmefällen notwendig sein, doch für die Eule sind Präventivschläge ein Ausdruck dafür, daß die Kunst des vorausschauenden Handelns fehlgeschlagen ist. Wenn Sie von vornherein bewußt, verbunden und aktiv sind, dann wird es nicht notwendig sein, zum Schlag anzusetzen. Wenn die Zeit gekommen ist, einen präventiven Angriff zu starten, dann haben Sie den richtigen Zeitpunkt bereits überschritten.

Der Anfänger betrachtet die vorausschauende Vorgehensweise als Taktik, die er nur gelegentlich einsetzen will, die Eule jedoch agiert *immer* vorausschauend. Bauen Sie ein Netzwerk gesunder Beziehungen auf, und verändern Sie Situationen sofort, bevor sie zum Konflikt ausarten. Kämpfen Sie, falls nötig, gegen die Flammen des Unerwarteten an, doch halten Sie Ihren vorausschauenden Verstand wach.

Es ist verkehrt, in Zeiten der Ruhe müßig zu sein; denn genau das ist der Zeitpunkt für tatkräftige, vorausschauende Maßnahmen. Gestalten Sie Ihre Zukunft in der Gegenwart. Schlagen Sie die kleine Schlacht heute, damit Sie morgen nicht die große schlagen müssen. Wenn Sie jetzt eine leichte Berührung ausüben, werden Sie es später nicht mit einem tödlichen Schlag zu tun haben. Bewegen Sie sich früh genug, und seien Sie konstruktiv. Sie werden entdecken, daß Sie sich nur selten, wenn überhaupt, mit einem Gegner einen Kampf liefern müssen.

Setzen Sie Grenzen

Um am Leben zu bleiben, müssen Sie in der Lage sein, sich gegen das Gleichgewicht zu behaupten, das Ungleichgewicht aufrechtzuerhalten, sich vor Entropie zu schützen, und das können Sie nur mit Hilfe von Membranen tun.
Lewis Thomas, *Lives of a Cell*

Der Anfänger hat ein schwach ausgeprägtes Bewußtsein für Grenzen. Er kennt das Ausmaß seiner Kraft nicht und ist planlos und unbeständig bei der Verteidigung seines Territoriums. Bei manchen Gelegenheiten setzt er willkürliche Grenzen, bei anderen überhaupt keine.

Grenzen sind jedoch für das persönliche Überleben und ein gesundes soziales Klima überaus wichtig. In einer Welt, in der alles im Fluß ist, ist es wichtig, daß Menschen ihren inneren Zusammenhalt und ihre Ordnung aufrechterhalten; ohne Grenzen könnte es kein Leben geben. Deshalb ist sich die Eule ihres Territoriums sehr wohl bewußt. Sie weiß, wo dessen Grenzen liegen, wem es gestattet ist, ihr Territorium zu betreten, und was sie tun wird, wenn ihre Nische zerstört ist.

Wenn der Anfänger Grenzen setzt, dann denkt er ausschließlich in Schwarzweißkategorien, doch der der Eule ähnelnde Krieger läßt sich durch die Intelligenz natürlicher Systeme inspirieren. Betrachten Sie Ihr Territorium, als ob es eine einzelne Zelle wäre, die durch eine äußerst selektive Membran begrenzt ist. Einige Substanzen läßt sie hindurch, andere nicht. Eine gesunde Zellmembran ist flexibel, elastisch und unterscheidend.

Eine halbdurchlässige Grenze kann hart oder weich sein.

Das hängt von den Bedürfnissen und dem Temperament ab. Hier trifft die Eule eine bewußte Auswahl; in einigen Bereichen setzt sie harte Grenzen, in anderen weiche. Bei einer weichen Grenze tritt die Eule einer sich annähernden Person zunächst wohlwollend entgegen. Wenn die Eule jedoch eine harte Grenze setzt, dann wird die Situation unverrückbar nach Schwarzweißkategorien beurteilt. Die Grenze ist entweder überschritten worden oder nicht – *ja* oder *nein*. Wenn jemand die Grenze überschritten hat, dann wird er zwangsweise wieder hinausbefördert. Da gibt es kein Schwanken und kein Zögern, nur rasches und entschiedenes Handeln.

Voraussetzung für diese Vorgehensweise sind gute Kenntnisse über die eigene Person. Die Eule ist sich über ihre Prioritäten und Werte im klaren und bringt dieses Wissen regelmäßig auf den neuesten Stand. Sie kennt den Unterschied zwischen dem Lebensnotwendigen und dem Fakultativen. Ihre dringendsten vitalen Bedürfnisse stehen im Mittelpunkt ihrer Aufmerksamkeit. Dort bilden sie einen Kern, der von einer starken und elastischen Grenze geschützt wird. Gleichzeitig schwimmen ihre oberflächlichen Interessen an der Peripherie, die in bezug auf Grenzen und zwangsweise Hinausbeförderung flexibel ist.

Wenn Sie eine harte Grenze setzen, dann können Sie eine Blockade errichten – eine klare, fokussierte, ausdrückliche Zurückweisung des Angriffs –, bei der Sie deutlich machen, daß Sie ein solches Verhalten nicht akzeptieren. Bringen Sie Ihre Worte, Ihre Gesten und Ihr Verhalten mit klarer, eindeutiger Absicht zum Ausdruck, so wie Sie auch einen Stock oder einen harten Unterarm mit einem Schlag abwehren würden. Grenzen Sie die Bewegung durch viel Kraft ab. Gut ausgeführte Blockaden wahren nicht nur Ihre Integrität, sie übermitteln dem Gegner darüber hinaus eine klare und eindeutige Botschaft hinsichtlich der Grenzen, die Sie setzen.

Es gibt Fälle, die allgemein gültig sind. Niemand hat das Recht, uns durch Angriffe auf unsere Person oder Vergewaltigung einen körperlichen Schaden zuzufügen: Da ist eine scharfe Schwarzweißgrenze erforderlich; der Angreifer hat die Grenze *entweder* überschritten *oder* nicht. Andere Bereiche lassen sich eher durch weiche, halbdurchlässige Grenzen definieren. Hier ist es schwieriger, eine präzise Definition aufzustellen. Das zu beschützende Territorium ist schwer erfaßbar und hängt von der Interpretation ab. Hier müssen wir vorsichtig sein und unser Urteilsvermögen zu Hilfe nehmen.

Ihre Gegenwehr sollten Sie der Intensität und der Art der Herausforderung anpassen. Begegnen Sie kühnen Herausforderungen mit eindeutigem Verhalten oder mit kluger Schwäche. Begegnen Sie schwachen Herausforderungen mit sanfter Umlenkung und sanfter Überzeugung. Erhalten Sie die Integrität Ihrer Membran mit einer Vielfalt an Techniken aufrecht.

Sie sollten Ihre Einschätzung von den näheren Umständen abhängig machen. Es gibt Grenzen, die dauerhaft vorhanden sind und unter allen Umständen bestehen bleiben: Ein Messer an der Kehle stellt immer ein Eindringen in Ihr persönliches Territorium dar. Andere Grenzen wiederum sind situationsabhängig: Manchen Menschen erlauben Sie, Ihren Körper zu berühren, doch nur unter bestimmten Umständen.

Gewöhnen Sie es sich an, Ihren Mitmenschen Ihre Grenzen eindeutig mitzuteilen, besonders dann, wenn es irgendwelche Zweifel geben sollte. Der Anfänger nimmt an, daß andere von sich aus wissen, wie weit sie gehen können, aber darin irrt er sich. Jedes Wesen und jede Kultur hat ein anderes Empfinden für räumliche Grenzen. Was für den einen Menschen akzeptabel ist, kann für einen anderen eine unverschämte Zumutung sein. Beugen Sie einer möglichen Verwirrung und einem Konflikt vor, indem Sie andere darüber unterrichten, wo Ihre persönlichen und organisatorischen Grenzen liegen, und wie starr sie sind. Setzen Sie Ihre Grenzen mit deutlichen Worten und Gesten. Teilen Sie Ihren Mitmenschen mit, was Ihnen wichtig ist.

Spielen Sie mit Yin und Yang

Alle deutlichen Gegensätze sind stillschweigende Verbündete.
  Alan Watts

Verbinde die Taube und die Schlange in dir,
nicht in Form eines Ungeheuers, sondern in Form eines Wunderkindes.
  Balthasar Gracián, *Die Kunst der Weltklugheit*

Stellen Sie sich vor, daß Sie auf der einen Seite einer Tür stehen, die so aufgehängt ist, daß sie in beide Richtungen zu öffnen ist. Auf der anderen Seite der Tür steht ein »Gegner«, der versucht, Sie anzugreifen und aus dem Gleichgewicht zu bringen.

Sie und Ihr Gegner können zwei Grundbewegungen ausführen. Ein Stoß gegen die Tür ist eine Yang-Bewegung; sie ist aktiv und direkt. Ein Ziehen oder Nachgeben ist eine Yin-Bewegung; sie ist empfangend. Die Entwicklung der Beziehung hängt von dem Zusammenspiel der Yin- und Yang-Kräfte ab.

Yin und Yang können symmetrische bzw. einander ergänzende Bewegungen sein. Nehmen wir einmal an, daß Ihr »Gegner« sich zu einem »Angriff« entschließt und dabei gegen die Tür drückt. Wenn Sie dieses Drücken mit einem Gegendrücken beantworten, dann ist Ihre Reaktion symmetrisch. Bei der Symmetrie trifft Yang auf Yang und Yin auf Yin. Armdrücken ist eine symmetrische Beziehung, ein Druck trifft auf einen Gegendruck. »Tauziehen« ist ebenfalls symmetrisch, denn eine Zugbewegung wird ebenfalls mit einer Zugbewegung beantwortet.

Symmetrie ist ganz einfach. Sie versetzen mir einen Stoß, ich stoße Sie zurück. Sie machen mir heftige Vorwürfe wegen meines Verhaltens, ich mache Ihnen heftige Vorwürfe wegen Ihres Verhaltens. Sie bedrohen mich, ich bedrohe Sie. Wie du mir, so ich dir, Auge um Auge, Zahn um Zahn. Das ist die Logik der Symmetrie. Auf jeden Akt der Aggression erfolgt als

Reaktion der Versuch, den Punktestand wieder auszugleichen.

In einer rein symmetrischen Beziehung ist der Einsatz von Stärke sinnvoll, zumindest auf kurze Sicht. Wenn Ihr Stoß gegen die Tür stärker ist als meiner, dann werden Sie »der Gewinner« sein. Doch wahrscheinlich wird Ihr Sieg nur von kurzer Dauer sein, da ich versuchen werde, den Punkterückstand aufzuholen. Ich werde mich wieder vom Boden erheben, all meine Kraft zusammennehmen und zurückschlagen. Ich werde Rache fordern und »Auge um Auge!« ausrufen.

In der Sprache der Kybernetik ist Symmetrie das Rezept, um Katastrophen zu erzeugen. Ein Schlagabtausch setzt einen Kreislauf positiven Feedbacks in Gang, bei dem durch jeden Akt der Aggression weitere Aggressionen erzeugt werden. Wenn die symmetrische Reaktion von beiden Seiten beabsichtigt ist, dann sind Eskalation und Gewalt praktisch unvermeidbare Folgen.

In einer solchen Beziehung leiden alle Beteiligten. Gandhi hat das klar erkannt: »Wenn man einen Tyrannen bestraft bzw. tötet, wird dadurch nur ein neuer Zyklus von Gewalt und Unterdrückung in Gang gesetzt.« Bei der Suche der Eule nach gesunden menschlichen Beziehungen führt Symmetrie in der Regel in eine Sackgasse. Es gibt ein Sprichwort, das lautet: »Auge um Auge und Zahn um Zahn führen sehr bald zu einer Welt, in der es keine Augen und Zähne mehr gibt.«

Sogar als Selbstverteidigungsstrategie hat die Symmetrie erhebliche Nachteile. Der Anfänger geht von folgender Voraussetzung aus: Je stärker mein Stoß ist, desto besser wird das Ergebnis sein. Deshalb attackiert er die Tür unter Einsatz all seiner Kräfte. Aber hier ruft das Extrem genau das Gegenteil hervor. Wenn der Gegner seine Gegenwehr zurücknimmt, dann werden seine eigene Stärke und sein Schwung den Anfänger zu Boden gehen lassen. In einer derartigen Situation gereicht der Einsatz von Kraft tatsächlich zum Nachteil. Die Alten nannten das »die Schwäche in der Stärke«.

Das Muster ist altbekannt. Je erregter wir werden, desto

stärker schlagen wir zu. Schließlich entwickelt die Symmetrie ein Eigenleben, und unser Schlag wird härter, als wir es eigentlich beabsichtigt hatten. Unsere Gedanken und unser Verhalten geraten um so mehr außer Kontrolle, je mehr der Konflikt sich zuspitzt. Später erkennen wir, wie sehr wir aus dem Gleichgewicht geraten sind, aber dann ist es zu spät. Die Symmetrie hat bereits ihren Schaden angerichtet. Wir sind von unserer eigenen Kraft umgeworfen worden.

Symmetrische Strategien sind primitiv, doch nicht vollkommen wertlos. Im Repertoire der Eule haben sie durchaus ihren Platz. Sie sind nützlich, um Grenzen zu setzen, und manchmal für das Überleben notwendig. Wenn die Eule in die Enge getrieben wird, hat sie vielleicht keine andere Möglichkeit, als zurückzuschlagen. In einigen Fällen kann Symmetrie auch dafür sorgen, daß der Konflikt erst gar nicht ausbricht. Wenn der Kraftprotz gegen die Tür schlägt und auf Widerstand stößt, dann gibt er vielleicht einfach auf und geht weg. So wie es Shivas Irons, ein Golfprofi und Schamane in Michael Murphys *Golf und Psyche. Der Weg zum intuitiven Golf* ausdrückt: »Manchmal gibt es keinen besseren Weg, einen Drachen zu töten, als ihn im Sturmschritt anzugreifen und ihm einen Speer in die Kehle zu stoßen.«

Manche Menschen glauben, daß symmetrisches Konfliktverhalten an sich schon bösartig sei, aber das ist nicht der Fall. Das wirkliche Problem besteht in der Oberflächlichkeit unseres Repertoires – viele von uns wissen nämlich nicht, wie sie sich sonst verhalten sollten. Egal, was die Person auf der anderen Seite der Tür auch tut, wir setzen ihr unseren symmetrischen Widerstand entgegen. Das ist eine besonders verwerfliche Form eines vollkommen verengten Gesichtsfeldes.

Die Alternative dazu ist die Yin-Reaktion: das Nachgeben, das Verhalten, das auf Widerstand verzichtet. Wenn an der Tür gezogen wird, dann drückt die Eule gegen sie; wenn die Tür aufgedrückt wird, dann zieht sie. Yang begegnet sie mit Yin, auf Kraft reagiert sie mit Weichheit. Komplementäre Bewegungen sind paradox und gegen die Intuition; sie sind genau das Gegenteil dessen, was ein Angreifer vermutlich erwartet.

Bei komplementärem Verhalten spielt Stärke keine besondere Rolle. Hier sind Fertigkeiten wie Sensibilität, Zeitgefühl und Flexibilität wesentlich. Der Konfliktkünstler lenkt den Angriff des Aggressors und benutzt ihn, um ihn ruhigzustellen oder unschädlich zu machen.

In einem Nahkampf sind komplementäre Bewegungen äußerst effektiv. Das Geheimnis liegt in Ihrer Fähigkeit, sich die Bewegung des Angreifers zunutze zu machen. Entwickkeln Sie ein Gespür für die Bewegung, und passen Sie Ihre Bewegung synchron der Wucht des Schlages an. Setzen Sie Ihre Schwäche auf kluge Weise ein. Wenn Sie den richtigen Zeitpunkt erwischen, dann wird der Angreifer sein Gleichgewicht verlieren und zu Boden gehen.

Diese Praxis wird als »die Kunst des Kämpfens ohne zu kämpfen« bezeichnet. Man sagt auch: »die Energie des Angreifers gegen ihn einsetzen«. Der symmetrische Kämpfer erwartet, auf Widerstand zu stoßen, also sammelt er seine Kraft und drückt so fest, wie er nur kann. Wenn der Widerstand nachläßt, verliert er sein Gleichgewicht und geht zu Boden. Das ist eine anschauliche Demonstration für die »Stärke in der Schwäche«.

Lao-tse war der erste Meister dieser Kunst:

Was man zusammendrücken möchte, muß man sich erst ausweiten lassen.
Was man schwächen möchte, muß man erst stark werden lassen.
Was man zerstören möchte, muß man erst wirklich aufblühen lassen.
Wem auch immer man etwas wegnehmen möchte, muß man erst wirklich etwas geben.
Das nennt man, sich über das Unsichtbare im klaren sein.
Das Weiche siegt über das Harte. Das Schwache siegt über das Starke.

Komplementäre Reaktionen machen sich die natürlichen Begrenzungen zunutze, die jeder Angriffsform zugrunde liegen. Der Schlag des Angreifers hat einen natürlichen Wirkungskreis, er ist ein kräftiger Schlag, der durch körperliche Gegebenheiten eingegrenzt wird. Wenn die Faust des Angreifers sich zu nah am Körper befindet bzw. sehr weit weg ist, dann wird der Angriff schwach und unwirksam sein. Alle Arten des Angriffs haben ähnliche Eigenschaften; sie sind schwach, dann stark, dann wieder schwach.

Das wird deutlich, wenn wir uns militärische Angriffe gegen feindliches Territorium vor Augen halten. Wenn ein Land ein anderes angreift, dann gibt es eine optimale Entfernung, von der aus die größte Effektivität erreicht wird. Eine Armee ist von den Versorgungslinien abhängig, da sie ständig mit Lebensmitteln, Brennstoff und Munition ausgerüstet werden muß. Wenn die vorderste Front sich zu weit vom Zentrum entfernt hat, sind die Versorgung und der Nachschub an Soldaten nicht mehr gewährleistet. An diesem Punkt ist die Armee äußerst empfindlich.

Beobachten Sie diese natürlichen Begrenzungen einmal in Ihrem eigenen Leben. Wenn Sie sich verteidigen, sollten Sie sich nicht auf dem Höhepunkt eines Angriffs in den Kampf hineinziehen lassen. Statt dessen sollten Sie mit Vorsicht entscheiden, ob Sie zu einem früheren oder späteren Zeitpunkt handeln wollen. Ersticken Sie das Problem im Keime, oder gehen Sie ihm aus dem Weg, um dann zu handeln, wenn der Angriff an Kraft zu verlieren beginnt. Wenn Sie zum richtigen Zeitpunkt keine Gegenwehr geleistet haben, dann können Sie die Führung und Kontrolle übernehmen, den Angriff umleiten oder ihn niederschlagen, was auch immer angebracht ist.

Egal, für welche Taktik Sie sich in einem Konflikt entscheiden, Sie sollten an dem Kurs, den Sie einmal eingeschlagen haben, festhalten. Führen Sie den Stoß mit Überzeugung aus, oder geben Sie mit Überzeugung nach. Versuchen Sie nicht, sich mit verzagten oder unvollkommenen Bewegungen zu verteidigen. Teilen Sie mutige Schläge aus. Wenn Sie ganz hinter einer Bewegung oder Handlung stehen, dann sind Sie sicherer, als wenn Sie nur halbherzig handeln.

Gleichzeitig sollten Sie sich der Gefahr bewußt sein, die darin liegt, wenn Sie über Ihren natürlichen Wirkungskreis bzw. Ihre Handlungsfähigkeit oder Ihren Einflußbereich hinausgehen. Wenn Sie Ihre Handlungen Hals über Kopf ausführen, dann bringen Sie genauso viel Gefahr mit sich wie verzagte und halbherzige Bewegungen. Jedes Überschreiten Ihrer natürlichen Reichweite wird Ihr Gleichgewicht gefährden und Sie in eine riskante Situation bringen. Wenn Sie sich der Grenze Ihrer Stärke nähern, sollten Sie extrem vorsichtig sein. Führen Sie Ihre Handlungen mit vollster Überzeugung aus.

Wenn Sie einem Angriff eine komplementäre Reaktion entgegensetzen, dann ist es wesentlich, daß Sie dem Angriff einen bestimmten Raum geben. Lassen Sie den Angriff sich entfalten und seinen natürlichen Gang gehen. Lenken Sie, falls notwendig, die Aggression, doch mischen Sie sich so wenig wie möglich ein. Gehen Sie aus dem Weg, und erschaffen Sie eine Leere, in die der Angreifer hineinfallen kann. Natürlich ist ein gewisses Risiko damit verbunden, aber Feingefühl und Beweglichkeit können Sie schützen

Bedienen Sie sich dieses Weges auch dann, wenn Sie ein Gespräch führen. Geben Sie dem gegnerischen Argument Raum, indem Sie ihm Anerkennung zollen, besonders dann, wenn Sie anderer Meinung sind. Statt unverschämten Argumenten zu widersprechen, sollten Sie sie gelten lassen. Erhellen Sie den Weg Ihres Gegners durch Akzeptanz, Nachfragen und Ermutigung. Das wird ihn entwaffnen. Sie lassen ihn mit seinem losen Mundwerk überrumpelt stehen, und er fragt sich, wo denn der Widerstand bleibt, den er erwartet hat. Wenn er sich dummerweise dazu entschließt, seinen Kurs weiterzuverfolgen, dann wird dies seinen Untergang nur noch weiter beschleunigen. Wenn man die höchste Geschicklichkeitsstufe erreicht hat, dann ist eine komplementäre Reaktion eine Verhaltensweise, mit der der Gegner nicht rechnet. Die Eule gibt nicht nur nach, sie verstärkt die Wucht des gegnerischen Angriffs sogar noch. Mit enthusiastischer Überzeugung scheint sie zu kooperieren; sie hilft ihrem Angreifer dabei, zum Schlage auszuholen. An diesem Punkt verlaufen die Bewegungen der angreifenden und der verteidigenden Seite auf perfekte Weise synchron. Durch die zusätzliche Energie, die der Angreifer durch die Unterstützung erfährt, überschreitet er seinen normalen Gleichgewichtszustand und wird dadurch zu Fall gebracht.

Komplementäre Reaktionen sind wirkungsvoll, aber nicht unfehlbar. Wenn Sie zu nachgiebig sind oder den richtigen Zeitpunkt verpaßt haben, dann werden Sie von der Tür zerschmettert werden. Eine schlecht ausgeführte Yin-Reaktion kann in einer Katastrophe enden. Deshalb ist das Verhalten der Eule an der Tür nicht immer gleich nachgiebig; ihre Reaktion ist von Feingefühl und Bewußtheit geprägt. Werden Sie nicht schwach! Bei der komplementären Reaktion wird Nachgiebigkeit bewußt und klug eingesetzt. Diese Verhaltensweise ist niemals passiv. Wenn Sie sich dazu entschließen sollten, ihre Wange hinzuhalten, um einen Angriff zu vervollständigen, dann sollten Sie es auf intelligente, aktive und kreative Weise tun. Behalten Sie Ihr Gleichgewicht, Ihren Mittelpunkt und Ihre Integrität zu jedem Zeitpunkt bei.

Komplementäre Reaktionen erfordern ein hohes Maß an körperlicher, geistiger und spiritueller Flexibilität. In Ihrer körperlichen und seelischen Haltung und Ihrer gesellschaftlichen Stellung sollten Sie sich immer ein gewisses Maß an Nachgiebigkeit bewahren. Wenn Sie an der Tür nachgeben, dann bedeutet das, daß Sie in der Lage sind, Ihre Position zu verändern, d. h. Ihre Meinung zu ändern.

Ein hohes Maß an Selbsterkenntnis ist dabei wesentlich. Die strebsame Eule muß wissen, bis zu welchem Grad sie nachgeben und wie hart sie zustoßen kann. Wieviel können Sie aufgeben, ohne Ihre Integrität aufs Spiel zu setzen? Wieviel Kraft können Sie aufbringen? Welche Grenzen sind Ihrer

Stärke gesetzt? Sie sollten sich dieses Wissen aneignen, indem Sie sich verschiedenen Situationen aussetzen und Erfahrungen sammeln.

Letztlich sind komplementäre Reaktionen der Schlüssel zur Kreativität. Der Prozeß funktioniert dann am besten, wenn symmetrische Verhaltensweisen mit komplementären abwechseln. Der Künstler kämpft lange und hart gegen die sinnbildliche Tür, nur um dann, wenn er in seinen Bemühungen nachläßt, plötzliche Eingebungen zu erfahren. Heißt das nicht, daß unsere kreativen Bemühungen rhythmische Schwingungen zwischen Hart und Weich, Druck und Nachgeben sind? Der harte Schlag gegen die Tür ist logisch und zweckmäßig, er verkörpert das absichtliche Verfolgen eines Ziels; er ist bewußte Arbeit. Das Nachgeben an der Tür setzt die Intuition frei. Indem Sie diese Yin- und Yang-Strategien abwechselnd einsetzen, werden Sie Ihrer Kreativität den notwendigen Nährboden zu ihrer Entfaltung geben.

Es ist nicht schwer, eine einzige Yin- oder Yang-Bewegung auszuführen. Selbst der Anfänger erkennt den Unterschied zwischen einem aktiven Stoß und einem nachgiebigen Ziehen. Die verfeinerte Kunst besteht darin, Meisterschaft beim Übergang von Yin zu Yang und von Yang zu Yin zu erlangen – etwas, das oft aus dem Stegreif geschehen muß. Da die Gegner und die Bedingungen sich immer wieder ändern, ist diese dynamische Gewandtheit von allergrößter Bedeutung. Kein Zustand ist an sich schon positiv; positiv ist vielmehr die Fähigkeit, mit Anmut von einem Zustand in den anderen überzugehen.

Beobachten Sie die verschiedenen Lebewesen. Der Hund kann sich von einem Augenblick auf den anderen von einem knurrenden, sein Territorium verteidigenden Tier in einen verspielten Welpen verwandeln. Kinder können in einem Moment die größten Feinde sein und im nächsten die besten Freunde. Ihr Übergang von Yang zu Yin und von Yin zu Yang erfolgt mühelos.

Weder Yin noch Yang sind für sich genommen schon gut.

Nur in der dynamischen Verbindung können sie wirklich etwas bewirken. Streben Sie Einheit in Ihrem Ausdruck an. Suchen Sie einen umfassenden Stil, bei dem gleichzeitig beide Potentiale respektiert werden. Bleiben Sie zwischen Yin und Yang zentriert. Halten Sie beide in dynamischer Einheit zusammen. Seien Sie keinem stärker zugeneigt, sondern in der Lage, beide Formen einzusetzen. Fliegen Sie mit beiden Flügeln.

Die Illusion durchschauen

Die größte List besteht darin, keine zu haben.
  Carl Sandburg

Die Eule ist als Kriegerin, die unaufhörlich nach der Wahrheit sucht, sehr versiert im Vorspiegeln falscher Tatsachen und im Gebrauch von List und Tücke. Sie weiß, wie kluge Menschen die Wahrnehmung ihrer Gegner verzerren und manipulieren können. Dieses Wissen dient ihr auf zweierlei Weise: Zum einen kann sie sich vor Doppelzüngigkeit schützen und sie zum anderen, wenn notwendig, geschickt zur Wahrung ihrer Integrität einsetzen.

Die Kunst der Täuschung besteht im wesentlichen aus zwei Methoden: Das Echte wird verborgen gehalten und das Falsche vorgespielt. Wenn das Echte verborgen wird, haben wir es mit einer Verhüllungstaktik zu tun. Hierbei besteht das Ziel darin, den Gegner daran zu hindern, das wahre Ausmaß unserer Fähigkeiten kennenzulernen. Die hinterlistige Betrügerin kann sorgsam ausgewählte Worte und Sätze verwenden, um ihre Kraft oder ihre Absichten zu verbergen. Sie kann sich mit einer geheimnisvollen Aura umgeben, Tarnungen verwenden oder eine verborgene Waffe in der Hinterhand haben. Diese Vorgehensweise ist vielfältig und wirkungsvoll.

Falsches vorzuspielen ist die andere Möglichkeit. Hier gibt

es zwei verschiedene Varianten: Sie können entweder Stärke oder Schwäche vorspielen.

In der Tierwelt demonstrieren Hunde und Katzen vermeintliche Stärke, indem sie ihre Nacken- und Rückenhaare aufstellen. Vögel breiten ihre Flügel aus und plustern ihr Gefieder auf, um größer zu erscheinen, als sie in Wirklichkeit sind. Unter Menschen wird Stärke durch übertriebene Körperhaltungen und überzogene Worte vorgetäuscht.

Stärke vorzutäuschen ist eine Form der Abschreckung. Obwohl diese Strategie weit verbreitet ist, hat sie doch gravierende Mängel. Zuerst einmal ist sie von dem rationalen Vorgehen des Gegners abhängig; derjenige, der die Täuschung ausführt, setzt darauf, daß ein kluger Gegner eine große Vergeltungsmaßnahme vermeiden und seinen Angriff zurücknehmen wird. Das ist allerdings eine gewagte Annahme, denn die Reaktion eines Menschen läßt sich unmöglich voraussagen. Das Vorspielen von Stärke kann den Angriff, den Sie dadurch zu vermeiden suchten, sogar erst auslösen. Es gibt nämlich Angreifer, die lieber einen starken Gegner attackieren.

Das Vorgeben von Schwäche ist die andere Variante. Hier versucht derjenige, der täuscht, unfähiger zu erscheinen, als er in Wirklichkeit ist. Sunzi war ein großer Befürworter dieser Methode: »Täusche Unterlegenheit vor, und locke damit seine Eitelkeit hervor.« Das ist die mystische Taktik des weisen alten Tai Ch'i-Meisters. Seine Körperhaltung und sein Verhalten lassen ihn behindert und langsam erscheinen, doch es handelt sich hier um Hinterlist. In Wirklichkeit ist er agil und kraftvoll.

Schwäche vorzutäuschen ist eine sehr ausgeklügelte Taktik, die Einblick in die Kämpferpersönlichkeit gewährt. Viele Aggressoren haben kein Interesse daran, Schwäche anzugreifen. Wenn keine Herausforderung da ist, dann entfällt auch die Motivation zu kämpfen. Die Weisheit dieser Einsicht erklärt auch, warum der alte Tai Ch'i-Meister tatsächlich so alt ist.

Derjenige, der andere täuscht, kann vorgetäuschte Schwäche auch als Köder einsetzen, um einen Gegner anzulocken. Dieser Taktik bedienen sich Vögel; sie täuschen einen gebrochenen Flügel vor, um Eindringlinge von ihrem Nest wegzulocken. Wenn Sie mit Absicht eine Schwäche oder eine ungeschützte Stelle zeigen, dann werden Sie mit großer Wahrscheinlichkeit voraussagen können, wie Ihr Gegner handeln wird. Dadurch erlangen Sie einen enormen Vorteil.

Oder Sie können ihn »ködern und dann die Richtung ändern«. Geben Sie Ihrem Gegner einen Vorteil, und ziehen Sie ihn dann zurück, indem Sie ihn durch etwas weniger Freundliches ersetzen. Sunzi sagt dazu: »Biete dem Feind einen Köder an, um ihn anzulocken; heuchle Verwirrung und schlage dann zu.« Dieses Verhalten ist wirkungsvoll, aber es lehrt uns auch, daß wir extrem vorsichtig sein müssen, wenn wir uns scheinbare Schwäche zunutze machen wollen; man kann dabei leicht in eine Falle tappen. So warnt auch Sunzi: »Greife nicht gierig nach dargebotenen Ködern.« Wenn das Angebot oder die ungeschützte Stelle verlockend sind, dann seien Sie auf der Hut. Bleiben Sie zentriert, und meiden Sie Extreme. Greifen Sie die Schwäche an, so wie es Ihnen notwendig erscheint, aber engagieren Sie sich nicht zu sehr. Wenn eine offene Stelle oder Gelegenheit zu gut erscheint, um wahr zu sein, dann ist wahrscheinlich etwas faul daran.

Von allen Spielarten der vorgetäuschten Schwäche ist das Sich-dumm-Stellen die bei weitem faszinierendste. Oberflächlich gesehen handelt es sich hier um eine List, bei der der Täuscher in Verkleidung agieren und eine Situation von innen heraus einschätzen kann. Diese Taktik ist für alle Arten von Geheimoperationen grundlegend. Aber beim Sich-dumm-Stellen handelt es sich auch um einen Sonderfall, denn diese Taktik folgt einem Schema, das kein Schema ist. Die dumme »Handlung« ist als Täuschung erfolgreich, aber sie ist auch deshalb erfolgreich, weil sie der Wahrheit unserer Existenz als Menschen, die Fehler machen, sehr nahekommt. Für den weisen Täuscher ist diese Strategie unfehlbar. Sie kommt unserer Neigung, unser Wissen und unsere Fähigkeiten zu überschätzen, entgegen. Sie entwaffnet unsere Gegner, während sie sie dazu verlockt, über das Maß des ihnen Möglichen hinauszugehen. In diesem Sinne ist das Sich-dumm-Stellen eine List, bei der man nicht verlieren kann.

Dem Anfänger erscheinen Täuschungsstrategien äußerst kräftesparend. Ein wenig in Falschheit investierte Energie kann in Sachen Sicherheit bzw. taktischer Vorteil einen großen Gewinn erzielen. Doch im Sinne einer wirklich nützlichen Methode, die auch auf lange Sicht brauchbar ist, ist die Täuschung nur begrenzt anwendbar.

Täuschung kann auf vielerlei Weise scheitern – in ganz konkreter oder auch in systemischer Hinsicht. Denken Sie daran, daß Täuschungspraktiken *beide* Seiten betreffen. Wenn Sie sich eine List ausdenken, dann wird Ihre Aufmerksamkeit geteilt, und Sie können sich nicht länger nur auf ein einziges Ziel konzentrieren. Der Lügner braucht nicht nur ein gutes Gedächtnis, sondern auch eine ausgeprägte Konzentrationsfähigkeit: Wenn wir versuchen, eine Lüge, aus der sich oft eine ganze Kette von Lügen entwickelt, aufrechtzuerhalten, dann kann uns das schwächen und sehr kräftezehrend sein.

Durch Täuschung wird die Belastung vergrößert. Sie mögen denken: »Mein Gegner erwartet, daß ich oben zuschlage, also schlage ich unten zu. Er erwartet, daß ich nach rechts gehe, also gehe ich nach links.« So weit, so gut; das stellt alles noch kein Problem dar, aber das Ganze geht noch weiter. Sie vermuten, daß Ihr Gegner Ihre Absicht kennt, also denken Sie zweimal um die Ecke, dreimal um die Ecke oder gar viermal um die Ecke. Sie werden von Ihren Gedanken schließlich so abgelenkt sein, daß Sie Ihr ursprüngliches Ziel aus den Augen verlieren. An diesem Punkt kann ein ehrlicher Gegner einfach auf Sie zukommen und Sie niederschlagen.

Doch es wird alles noch schlimmer, denn Täuschung und Betrug vergiften unser soziales Klima. Wenn Sie mich betrügen, dann fühle ich mich dazu berechtigt, Sie ebenfalls zu betrügen, und darauf werden Sie mit noch größerer Falschheit und List reagieren. An diesem Punkt werden selbst die aufrichtigsten Gesten nur noch mit Mißtrauen aufgenommen. Mit jeder weiteren verlogenen Handlung wird es immer noch schwieriger werden, ehrlich miteinander umzugehen. In dieser Hinsicht kann Täuschung genauso zerstörerisch sein wie Gewalt. Behalten Sie das bei der Wahl Ihrer Taktik im Auge, und setzen Sie Täuschungsmanöver in genauso begrenztem Maße ein wie Gewalt. Heben Sie sie für den Moment auf, in dem Sie sie wirklich brauchen.

Oberflächlich gesehen scheint es mit der Täuschung sehr einfach zu sein: Sie legen sich eine Maske zu und verzerren einige Fakten, dichten zu einer Geschichte etwas hinzu und ziehen aus dem erworbenen Vorteil Nutzen. Doch eigentlich ist diese Taktik nichts für Anfänger. Um das Echte zu verbergen und das Unechte vorzutäuschen, ist eine ausdauernde Konzentrationsfähigkeit erforderlich, und die damit verbundenen Risiken sind groß. Wenn Sie sich für Täuschungsmanöver entscheiden, dann sollten Sie es vor dem Hintergrund eines soliden Trainings und eines profunden Wissens in bezug auf sich selbst tun. Eignen Sie sich zunächst solide Grundkenntnisse an, richten Sie Ihre Aufmerksamkeit auf Ihre natürlichen Fähigkeiten und die Fertigkeiten, die für Ihre Disziplin Voraussetzung sind. Und dann können Sie, wenn es notwendig ist, die vom Feind wahrgenommene Realität manipulieren. Mit Sunzis Worten klingt das folgendermaßen: »Anscheinende Verwirrung ist ein Ergebnis der guten Ordnung, anscheinende Feigheit eines des Mutes, anscheinende Schwäche eines der Stärke.«

In den allermeisten Fällen entscheidet sich die Eule für Ehrlichkeit. Geben Sie der Täuschung einen Platz in Ihrem Repertoire, doch setzen Sie sie sparsam ein. Legen Sie eine falsche Fährte, wenn es notwendig ist, doch gehen Sie mit Vorsicht, Bewußtheit und Zurückhaltung vor. Balthasar Gracián drückt es in *Die Kunst der Weltklugheit* folgendermaßen aus: »Verwenden Sie List, doch mißbrauchen Sie sie nicht. Man sollte keine Freude an ihr finden, geschweige denn mit ihr prahlen.«

Das Gesicht wahren

Der Gentleman richtet die Aufmerksamkeit auf die guten Eigenschaften seiner Mitmenschen; er richtet die Aufmerksamkeit nicht auf ihre Mängel. Der kleine Mann macht genau das Gegenteil.
Konfuzius, *The Analects*

Der Anfänger redet dummes Zeug. Er verspottet seine Gegner, macht sich über sie lustig und versucht sie mit Seitenhieben und Kränkungen einzuschüchtern. Er glaubt, daß er, indem er seine Feinde herabsetzt, sich selbst erhöht.

Die Eule lehnt derartige Taktiken ab. Sowohl Ihre Gegner als auch ihre Verbündeten behandelt sie mit gebührendem Respekt. Hier geht es nicht um Höflichkeit, sondern um praktische Intelligenz. Das Verhalten von Menschen und Organisationen läßt sich grundsätzlich nicht vorhersagen. Der äußere Anschein kann täuschen; ein Gegner kann weitaus stärker sein, als er zu sein scheint. Ein Widersacher kann sich neues Wissen aneignen, neue Verbündete finden oder neue Fähigkeiten entwickeln. Vor diesem Hintergrund gesteht die Eule ihrem Feind ein Potential zu, das von Meisterschaft bis zu Hinterlist reichen kann.

Sie sollten Ihren Gegner immer als gleichwertiges Gegenüber ansehen und eine Begegnung niemals auf die leichte Schulter nehmen. Gehen Sie niemals davon aus, daß ein Sieg leicht zu erringen ist oder daß Sie sich in vollkommener Sicherheit befinden. Gehen Sie niemals davon aus, daß Ihre Position nicht gefährdet ist. Es gibt immer jemanden, der größer, stärker, schneller oder klüger ist als Sie bzw. der einfach mehr Glück hat. Wenn Sie jemandem Respekt entgegenbringen, dann bleibt Ihr Geist offen und wach.

Einer der schlimmsten taktischen Fehler, den Sie in einer Konfliktsituation begehen können, besteht darin, Ihrem Gegner sein »Gesicht« zu rauben. Das Gesicht ist unser Spiegelbild, das wir in den Augen unserer Mitmenschen sehen; es ist unsere Stellung in der Gesellschaft. In unserer Eigenschaft als soziale Wesen ist dieses Spiegelbild für uns von hohem Wert. Von unserer Familie und Verwandten, unseren Freunden und Kollegen anerkannt und akzeptiert zu werden, ist für uns von zentraler Bedeutung. Das Gesicht zu verlieren ist mit Identitätsverlust gleichzusetzen.

Man kann sich keinen Gewinn davon erhoffen, wenn man seinem Gegner das Gesicht raubt. Es ist ein Sieg ohne Substanz. Wenn man einem Gegner sein Gesicht raubt, dann wird er wahrscheinlich unkooperativ, ärgerlich, unberechenbar oder gewalttätig reagieren. Der Gesichtsverlust bedeutet Entblößung und Verwundbarkeit. Position und Ruf sind nicht länger gesichert. Möglicherweise kommt es zu Eskalation und Vergeltung.

Vom taktischen Gesichtspunkt aus wird Ihnen der Gesichtsverlust nichts einbringen. Wenn Sie jemanden herabsetzen, wird Ihre Position dadurch in keiner Weise verbessert werden. Die einzige Folge davon ist, daß das Beziehungsgeflecht gestört wird. Wenn Sie sich über einen anderen Menschen lustig machen, dann werden Sie verlieren.

Da die Eule das weiß, wahrt sie immer ihr Gesicht. Sie kann einen Gegner schlagen, ihn verklagen oder ihn verhaften lassen, aber Sie wird ihm immer zugestehen, seine persönliche Würde zu behalten. Zerstören Sie einen Ruf nicht, außer wenn es unvermeidlich ist.

Die positive Seite dieser Kunst besteht darin, einem Gegner ein Gesicht zu verleihen. Bauen Sie das Selbstbild und den Status Ihres Gegners auf, selbst wenn Sie ihn verachten. Zollen Sie ihm Anerkennung für seine Stellung, seinen Wert und seine Würde. Bauen Sie sein Selbstwertgefühl auf. Diese Gesten kosten wenig, zahlen sich jedoch reichlich aus. Aktive Geschenke, durch die Sie das Gesicht Ihres Gegners stärken, werden diesen gefügiger und empfänglicher machen, und wenn er von dem Gefühl seiner eigenen Größe völlig in Beschlag genommen wird, dann kann es sein, daß er sich sogar zu sehr einsetzt und sich dabei selbst aus dem Rennen wirft.

Leider glaubt der Anfänger, daß der einem Gegner entgegengebrachte Respekt ein Zeichen von Schwäche sei. Er glaubt, daß ein Krieger immer mit der allergrößten Zuversicht von einem Sieg ausgehen sollte, und daß die Kraft, die Fertigkeiten oder die Intelligenz seines Gegners anzuerkennen die Haltung eines Verlierers ist. Die Eule andererseits behauptet nicht, unverwundbar zu sein, und ist schnell bereit, das gegnerische Potential, große Leistungen vollbringen zu können, anzuerkennen oder zumindest eine glückliche Pause einzulegen.

In den Augen der Eule ist Respekt ein Zeichen von Intelligenz und eine Haltung, mit der man nicht verlieren kann. Wenn Sie diese Kunst praktizieren, dann erkennen Sie die Möglichkeit Ihres Gegners an, geschickt und intelligent sowie anpassungs- und lernfähig zu sein. Das ist eine pragmatische und intelligente Herangehensweise an das Kämpfen, aber sie läßt auch Raum für kreative Lösungen. Wenn Ihr Gegner das Gefühl hat, daß er ernst genommen wird, dann wird sein Widerstand aufweichen, und er wird Kompromißlösungen suchen. Behalten Sie die Zukunft im Auge. Bündnisse können sich ändern; der Gegner von heute kann der Verbündete von morgen sein. Respekt hält die Tür offen.

Der richtige Zeitpunkt

Wenn der Habicht seine Beute schlägt,
dann liegt das am richtigen Zeitpunkt.
Sunzi, *Die Kunst des Krieges*

Rechtzeitigkeit ist alles.
Shakespeare

Im Nahkampf ist ganz eindeutig die Wahl des richtigen Zeitpunktes von entscheidender Bedeutung. Wenn derjenige, der sich verteidigt, zu früh oder zu spät handelt, dann kann er verletzt oder sogar getötet werden. Der gute Kämpfer hingegen kann die Bewegungen des Gegners erspüren und seine Schläge so plazieren, daß sie die ungeschützten Stellen treffen.

Für die Eule ist die Vorstellung, »pünktlich zu sein«, auf jede Dimension einer Konfliktsituation anwendbar. Auf allen Ebenen ist der richtige Zeitpunkt ausschlaggebend dafür, ob eine mittlere Leistung oder wirkliches Können erzielt wird. Das, was in einem Moment in Wallung gerät und eskaliert, kann in einem anderen beruhigend und tröstend sein. Positives Feedback am heutigen Tag kann morgen schon negatives Feedback sein. Dasselbe Wort, dieselbe Geste bzw. derselbe Ausdruck können ein großartiger Erfolg oder ein katastrophaler Fehler sein, je nachdem, wann wir ihn ausführen. Eine früh erfolgte Reaktion der härteren Gangart kann zu unnötiger Eskalation oder sogar Zerstörung führen; eine spät erfolgte der weicheren Art kann eine erbärmliche Niederlage verursachen.

Der Anfänger meint, daß Pünktlichkeit trivial sei, und vernachlässigt diese Tugend deshalb. Die Eule weiß jedoch, daß Pünktlichsein unnötige Mühe erspart und ihren Bemühungen eine größere Wirkung verleiht. Eine Handlung, die zum richtigen Zeitpunkt ausgeführt wird, erfordert weit weniger Kraft als eine, die zu früh oder zu spät kommt. Wann immer wir den richtigen Zeitpunkt verpassen, verschwenden wir Energie, erzeugen Spannung, vermindern den Wirkungsgrad und machen uns selbst verwundbar. Deshalb ist die Eule ihre eigene Verbündete; sie schärft ihre Fähigkeit, den richtigen Zeitpunkt auf allen Ebenen zu finden.

Zeitliche Präzision beginnt mit Feingefühl und Bewußtheit. Wenden Sie Ihren Verstand auch auf Ihre Umgebung an, und bringen Sie in Erfahrung, was sich abgespielt hat, bevor Sie in diese Zwangslage gerieten. Welchen Hintergrund hat sie? Welche Trends herrschen vor? Wie hat sich der Widerstand im Laufe der Zeit verändert? Handelt es sich hier um eine verfahrene Situation ohne Bewegung, ein Eskalieren der Situation oder ein Verhaltensmuster, bei dem der Widerstand nachläßt? Prüfen Sie die Bedingungen, und machen Sie vorsichtige Voraussagen. Und dann hören Sie ganz tief in Ihren Körper hinein. Hören Sie auf das leise Flüstern, das Ihnen etwas über das Ausweiten oder Einengen des zeitlichen Rahmens erzählt.

Der Anfänger glaubt, daß er sich immer beeilen muß, um pünktlich anzukommen, aber das stimmt nicht. Das Ziel besteht darin, das richtige Tempo für das jeweilige Ereignis zu finden. Wenn die Dinge langsam voranschreiten, dann sollte auch Ihr Schrittempo langsam sein. Wenn sich die Dinge schnell entwickeln, dann müssen auch Sie einen Zahn zulegen. Natürlich ändert sich die Geschwindigkeit, mit der sich Dinge entwickeln, ständig, deshalb müssen auch Sie Ihre Bewegung ständig anpassen. Streben Sie die perfekte Übereinstimmung an. Fangen Sie das Ziel im Fluge ab.

Die Leistung der Eule zeichnet sich durch genaue zeitliche Abstimmung aus, da sie es vorzieht, einer Herausforderung optimal vorbereitet zu begegnen. Bei allen Aufgaben plant sie die dafür notwendige Zeit großzügig ein und gibt noch ein wenig mehr für das Unerwartete dazu. Dadurch erzielt sie ein viel besseres Ergebnis. Sie ist entspannter, ausgeglichener und in allen Phasen ihres Lebens effektiv. Sie hat in ihrer

Seele Raum, um ihrer Umwelt mit Aufmerksamkeit gegenüberzutreten.

Natürlich strebt die Eule danach, zu Beginn einer jeden Aufgabe mit dem zeitlichen Ablauf in Einklang zu bleiben und diesen fortwährend aufrechtzuerhalten. Doch trotz größter Bemühungen kann es manchmal vorkommen, daß wir hinter unserem Zeitplan herhinken und unter Zeitdruck geraten. Wenn die Zeit knapp wird, leidet unsere Leistungsfähigkeit, und unsere Aufmerksamkeit läßt nach. Die Einheit von Körper und Geist wird aufgelöst, und es fällt uns schwer, weiterhin global und objektiv zu denken. Wenn das Zeitproblem ernsthafte Ausmaße annimmt, dann sehen wir nur noch die hervorstechendsten Aspekte der Situation und mogeln uns verzweifelt mit wenig durchdachten Lösungen durch. Während wir damit beschäftigt sind, die Anforderungen der unmittelbar zutage tretenden Krise kunstvoll zu meistern, verlieren wir unsere Ziele aus den Augen. Anstatt kreativ zu handeln, fangen wir an, verzweifelt zu reagieren.

Wenn Sie unter Zeitdruck geraten, sollten Sie es sich sofort eingestehen. Verdoppeln Sie Ihre Konzentration, und geben Sie die Suche nach der idealen Lösung auf. In der Regel stehen mehrere vernünftige Alternativen zur Verfügung. Wählen Sie eine davon aus; resolutes Handeln wird Sie wieder in den vorgesehenen zeitlichen Rahmen zurückbringen. Wenn Sie sich von der Situation abwenden können, ohne dabei Ihre Position oder Ihre Ziele aufs Spiel zu setzen, dann sollten Sie das tun. Ignorieren Sie das Unwesentliche, und konzentrieren Sie sich auf das Grundlegende. Seien Sie bereits im voraus auf eine solche Situation vorbereitet. Erkennen Sie den Unterschied zwischen dem, worauf Sie verzichten können, und dem, was Sie brauchen.

Zeitliche Übereinstimmung ist natürlich nicht nur die Fähigkeit, zum richtigen Zeitpunkt zu handeln. Die wißbegierige Eule muß auch wissen, wie sie den Zeitplan ins Wanken bringen kann. Diese Taktik können Sie auf vielen Ebenen anwenden. Verändern Sie Ihren persönlichen Rhythmus, um aus dem alten Trott auszubrechen und das Gleichgewicht ein wenig zu verlieren. Verschieben Sie den Akzent auf die Zwischentöne, um neue Richtungen auszuprobieren. Spielen Sie mit den Grenzen des Vorhersehbaren, um den Zeitplan Ihres Gegners durcheinanderzubringen und einen Vorteil zu gewinnen. Bauen Sie regelmäßig wiederkehrende Rhythmen auf, unterteilen Sie sie neu, und bauen Sie sie dann von neuem auf. Natürlich handelt es sich hier um eine Technik für Fortgeschrittene, die die Beherrschung der Grundlagen voraussetzt.

Verbessern Sie Ihre zeitliche Abstimmung, indem Sie sich vom Groben zum Feinen vorarbeiten und vom Großen zum Kleinen. Sobald Sie die Grundlagen der zeitlichen Abstimmung in Ihr Handlungsrepertoire aufgenommen haben, sollten Sie auf die Verfeinerung dieser Fertigkeit hinarbeiten. Unterstützen Sie diese Entwicklung durch Ihr Engagement. Halten Sie Wort. Wenn Sie versprochen haben, in der Morgendämmerung da zu sein, dann sollten Sie auch da sein.

Zeitliche Präzision baut sich von selbst auf. Je öfter Sie pünktlich sind, desto größer wird die Vertrautheit sein, die Sie zu anderen Menschen und Tieren und Ihrer Umgebung aufbauen können. Je größer Ihre Verbundenheit ist, desto präziser wird auch Ihr Zeitplan sein. Eines unterstützt das andere. Am Ende wird zwischen Ihrer Wahrnehmung und der richtigen Handlung keine Lücke klaffen. Integration führt zur perfekten zeitlichen Abstimmung.

Keine Zweifel hegen

Wenn das Schmettern des Krieges in dein Ohr dringt,
Dann ahme das Verhalten des Tigers nach;
Straffe deine Sehnen, lasse dein Blut aufbrausen,
Verhülle eine freundliche Natur durch eine unschöne Wut.
  Shakespeare

Im Abgrund des Todes, kämpfe.
  Sunzi

Selbst wenn die Eule beim Taktieren und in der strategischen Planung große Fortschritte gemacht hat, kann sie immer noch das Pech haben, von einem starken und feindlichen Aggressor angegriffen zu werden. Solche Begegnungen kommen nur selten vor, aber dennoch müssen wir diese Möglichkeit in Erwägung ziehen. Schließlich sind wir verletzbare Wesen, die in einer bisweilen brutalen Welt leben. Wir können alles richtig machen – unser Bewußtsein schärfen, gefährliche Orte meiden, gesunde Beziehungen aufbauen – und dennoch Opfer eines gewaltsamen Angriffs werden.

Der erste Schritt, den Sie in einer Situation, in der es um Leben oder Tod geht, tun müssen, ist, sie zu erkennen. Leider gibt es für diese Erfahrung kein Modell, an dem Sie sich orientieren könnten, da keine Situation der anderen gleicht. Eine solch gefährliche Situation kann sich langsam über Stunden, Tage oder Wochen entwickeln oder ganz plötzlich und ohne Vorwarnung auftreten. In jedem Fall sollten Sie schauen, ob, und wenn ja, wo Ihr Überleben unmittelbar bedroht ist. Wenn Sie wirklich in eine Situation, in der es um Leben oder Tod geht, hineingeraten, dann kann ein Verteidigungsfehler eine Katastrophe heraufbeschwören.

Wenn man Sie mit Gewalt in eine lebensgefährliche Situation gebracht hat, dann sollten Sie Ihre gesamte Energie zu einer einzigen, wütenden Bewegung bündeln. Konzentrieren Sie sich vollkommen darauf, am Leben zu bleiben. Lassen Sie

Ihre Angst los, indem Sie sie in Wut und Tatkraft umleiten. Sie müssen mit jeder Faser Ihres Körpers im Hier und Jetzt sein. Erlauben Sie keiner Zelle, irgend etwas anderes zu tun, als sich den direkten Anforderungen der Gegenwart zu stellen. Gehen Sie mit der gesamten Kraft Ihrer Instinkte an die Gurgel, die Halsschlagader oder die Knie.

In einer solchen Situation ist der geistige Zustand der absolut ausschlaggebende Faktor. Weder Geschicklichkeit noch Technik, seien sie auch noch so hochentwickelt, können diesen Mangel an Intensität wettmachen oder Ersatz dafür sein, daß das Recht auf Selbstverteidigung nicht deutlich genug zum Ausdruck gebracht wurde. Deshalb geht die Eule in einen Zustand über, in dem sie keine Zweifel kennt. Sie handelt aus vollkommener Sicherheit und Überzeugung heraus. Diese Sicherheit überwindet die Grenzen ihrer Fähigkeiten und garantiert eine kraftvolle Reaktion.

Der Zustand, in dem es keine Zweifel mehr gibt, ist von tödlichem Ernst geprägt; es ist die Logik des Ego, die direkt und ohne Umschweife ist. Es ist die Bereitschaft, sich auf den Feind einzulassen und sich dem Kampf vollkommen hinzugeben. Hier gibt es keine Grauzone. Es ist ein Einlassen, bei dem es um Schwarz oder Weiß geht.

Tiere sind die größten Meister in dieser Kunst. Da sie ständig in ihrem Überleben bedroht sind, kennen sie den Zustand, in dem es keine Zweifel gibt, aufs genaueste und können ohne Zögern darauf zurückgreifen. Beobachten Sie einmal wilde Tiere, und stellen Sie sich unverblümt die Realität vor, in der sie solchen Extremsituationen ausgesetzt sind. Nehmen Sie diese Intensität in Ihren Körper hinein, und machen Sie sie sich zu eigen.

Entwickeln Sie Ihre Fähigkeit, Zugang zur absoluten Gewißheit zu finden, schon jetzt, bevor der endgültige Moment wirklich eingetreten ist. Denken Sie über Ihr Recht nach, Ihr Leben zu verteidigen. Hat irgend jemand das Recht, Ihren Körper zu verletzen? Haben Sie ein natürliches, angeborenes Recht auf Selbsterhaltung? Stellen Sie sich die schwierige

Frage, was Sie in einer Krisensituation zu tun bereit wären. Wenn Sie sich nicht schon vorher Überzeugungen zurechtgelegt haben, dann ist die Chance gering, daß Sie, wenn eine Extremsituation Sie in die Ecke drängt, in der Lage sein werden, in den Zustand absoluter Gewißheit einzutreten.

Praktizieren Sie diese Kunst, wenn es notwendig ist, aber versuchen Sie nicht, sich immer und jederzeit in diesen Geisteszustand hineinzuversetzen. Keine Zweifel zu hegen ist eine kurzfristige Lösung, die, wenn sie nicht in Notsituationen angewendet wird, sich leicht in Überanstrengung umkehren kann und dann Ihnen selbst schaden wird. Kein Zweifel bedeutet kein Reflektieren und so auch kein Lernen. Wenn diese Technik zwanghaft über längere Zeit eingesetzt wird, dann hemmt diese Einstellung das Wachstum und bringt harte, dogmatische Kraftprotze hervor. Wenden Sie diesen Zustand besonnen an, und heben Sie ihn sich für wirkliche Ausnahmefälle auf. Machen Sie sich die Macht zunutze, wenn es sein muß, und lassen Sie sie dann gehen.

KAPITEL III

Das Unsichtbare
im Blickfeld haben

Fragen stellen

Unwissenheit ist die Brutstätte von Ungeheuern.
  Henry Ward Beecher

Wenn der Anfänger mit Widerstand konfrontiert wird, dann ist er der erste, der handelt, spricht, stößt oder sich zurückzieht. Nachdem sich die Rauchwolken verzogen haben, fragt er sich, was passiert ist und wie er nur in ein solches Dilemma hineingeraten konnte; er handelt erst und fragt dann. Oder noch schlimmer, manchmal handelt er erst und stellt später *überhaupt* keine Fragen. Ganz klarer Fall: Der Anfänger zäumt das Pferd von hinten auf.

Jede Eule weiß, daß Wissen einem die Möglichkeit eröffnet zu wählen und daß diese Wahlmöglichkeiten Macht verleihen. Fragen sind das grundlegende Hilfsmittel, um die eigene Intelligenz in neue Bahnen zu lenken und sich kreativ inspirieren zu lassen. Das unerforschte Leben lohnt nicht, gelebt zu werden, der unerforschte Kampf lohnt nicht, gekämpft zu werden, und es lohnt sich nicht, einen Sport auszuüben, den man nicht erforscht hat, oder eine Strategie anzuwenden, die man nicht beherrscht.

Lassen Sie sich von Ihrem Interesse leiten. Lassen Sie zunächst Ihre Neugier und Ihre Intelligenz walten, bevor Sie handeln. Stellen Sie alle Ebenen Ihrer Erfahrungen in Frage, vom allgemeinsten und philosophischsten Aspekt der Sache bis hin zum detailliertesten und spezifischsten. Stellen Sie Ihre Umgebung, Ihre Kultur, Ihre Ziele, Ihre Motive, Ihre Ausbildung und Ihre Lehrer in Frage. Hinterfragen Sie jede Ideologie oder Lehre, die extremes Konfliktverhalten fördert. Hinterfragen Sie jede Philosophie, die die Anwendung von Verstand und persönlichem Urteilsvermögen verwirft. Seien Sie so scharfsinnig wie möglich. Stellen Sie zuerst Fragen, und dann, wenn es notwendig ist, können Sie reden, sich bewegen, schreien, schlagen oder sich zurückziehen.

Richten Sie Ihren Blick und Ihren Verstand auch auf die Zukunft, indem Sie »Was-wäre-wenn-Fragen« stellen. Wenn Sie sich bereits im Geiste mit einer Vielzahl von Möglichkeiten auseinandergesetzt haben, bevor diese eintreten, dann verbessern Sie Ihre Chancen, in der entsprechenden Situation das angemessene Verhalten an den Tag zu legen. Was-wäre-wenn-Fragen zwingen uns dazu, uns Situationen vorzustellen, die außerhalb unserer üblichen Erfahrungswelt liegen, und sie sind häufig ausschlaggebend dafür, ob wir inspiriert handeln oder unbeholfen reagieren. Für den Anfänger, der sich mit dieser Art von Fragen nicht befaßt, stellt sich der Kontakt mit der Zukunft wie ein Flug in einen dunklen, gefährlichen Himmel dar. Das einzige, was er tun kann, ist, auf die nächste ihm gestellte Herausforderung zu reagieren. Aber die Eule, die »Was wäre, wenn . . .« fragt, beginnt Licht in der Dunkelheit zu sehen.

Sie können keine guten Fragen stellen, wenn Sie die Antworten bereits im voraus zu kennen meinen – das ist die erste Regel, die es hierbei zu beachten gilt. Deshalb müssen Sie, um eine wirklich kreative Frage stellen zu können, alle Annahmen und vorgefaßten Meinungen fallenlassen. Streifen Sie alles ab, was Sie als nützlich und bedeutsam ansehen, und lassen Sie sich mitten in Ihre Unwissenheit hineinfallen. Gehen Sie das Risiko ein, sich zu verirren. Entwickeln Sie, falls notwendig, Ihre eigenen Regeln. Trauen Sie sich, naiv zu sein und das Offensichtliche zu analysieren. Unzulänglichkeit hat einen Sinn. Nicht zu wissen, ist der Anfang des Wissens.

Reflektieren

Wenn du den Feind kennst und dich selbst, brauchst du den Ausgang von hundert Schlachten nicht zu fürchten. Wenn du dich selbst kennst, aber nicht den Feind, wirst du für jeden errungenen Sieg auch eine Niederlage hinnehmen müssen. Wenn du weder den Feind noch dich selbst kennst, wirst du jede Schlacht verlieren.
Sunzi

Über den Eingang des Apollo-Tempels in Delphi haben die Griechen der Antike den Leitsatz »Erkenne dich selbst« geschrieben. Das ist das Grundprinzip für jeden, der am Leben bleiben, einen Konflikt lösen oder rechtliche Interessen durchsetzen will. Es ist das *sine qua non* des Eulendaseins, der wesentliche Bestandteil aller Kampfsportarten. Für die Eule ist im Konfliktfall das Wissen um ihre eigenen Fähigkeiten ebenso vorrangig wie die Entfaltung ihrer eigenen Kreativität.

Der Anfänger, der, ohne sich selbst zu kennen, in einen Konflikt hineingerät, ist nicht nur extrem anfällig für die Launen seines Gegners, sondern er ist auch seiner eigenen Verwirrung und Unwissenheit ausgeliefert. Da er keine Vorstellung vom Ausmaß seiner Kräfte besitzt, kann er nicht darauf hoffen, sehr erfolgreich zu sein.

Die Eule ihrerseits kennt ihre Fähigkeiten, Schwächen, Wertmaßstäbe und Prioritäten. Da sie über diese Dinge bereits vorher nachgedacht hat, weiß sie, was sie aufgeben kann und wofür es sich zu kämpfen lohnt – sie muß sich nicht in wilden Spekulationen ergehen, wenn sich die Gemüter bereits erhitzt haben. Vielleicht ist sie nicht in der Lage vorauszusagen, was ihr Gegner tun wird, doch sie kann gröbere

Fehler vermeiden. Sie agiert von einer Position der Stärke aus.

Selbsterkenntnis wird uns nicht in die Wiege gelegt; sie muß durch Erfahrungen und Einlassen erworben werden. Der Schlüssel liegt darin, sich dem Leben auszusetzen. Seien Sie nackt. Legen Sie Ihre Sicherheiten ab, und begeben Sie sich ganz ins Lernen und in die Anpassung hinein. Suchen Sie Erlebnisse an der Grenze des Bereiches, in dem Sie sich wohl fühlen. Unklare und schwierige Situationen werden Sie das lehren, was Sie wissen müssen.

Was Sie dann tatsächlich unternehmen, spielt eine fast untergeordnete Rolle. Entscheidend ist Ihre Bereitschaft, bis zur Grenze Ihrer Fähigkeiten vorzudringen und diesen Grenzbereich seelisch und körperlich auszuhalten. Handeln Sie von einem Ort der Unsicherheit und Unfähigkeit aus. Lernen Sie von Grund auf.

Selbsterkenntnis beginnt mit der Einsicht, daß unsere Handlungen von zwei gegensätzlichen Beweggründen bestimmt werden. Der erste ist Neugier; wir möchten mehr über unseren Körper, unsere Mitmenschen und das Universum erfahren. So öffnen wir uns der Welt mit ihren wunderbaren Möglichkeiten und den Menschen. Wir machen uns verwundbar.

Unsere Umgebung ist zwar ausgesprochen reich, doch sie ist auch voll von Kräften, die uns nicht wohlgesonnen oder sogar äußerst gefährlich sind. Wenn wir das erkennen, versuchen wir, uns selbst zu schützen. Wir verteidigen uns und kapseln uns ab. Wir setzen unserer Erfahrungswelt Grenzen.

Mit solch gegensätzlichen Zielen konfrontiert, fühlen wir uns hin- und hergerissen; wir schwanken zwischen Neugierde und Selbstschutz, zwischen Berührbarkeit und Verteidigung und suchen fortwährend nach dem idealen Gleichgewicht. Die Herausforderung besteht darin, die richtige Strategie zum richtigen Zeitpunkt einzusetzen – doch um das tun zu können, müssen wir den Unterschied zwischen diesen Qualitäten kennen.

Das Problem sind nicht unsere Abwehrmechanismen. Unsere Welt ist schließlich einmal freundlich und ein anderes Mal unfreundlich. Das Problem sind Abwehrmechanismen, die unbewußt, automatisch und unpassend sind. Hier tappt der Anfänger im dunkeln. Ein großer Teil seiner Energie und seines Lebensstils setzt sich aus unbewußten Selbstschutzstrategien zusammen. Er sucht sich seine Freunde, seinen Beruf und seine Lebensanschauung so aus, daß er mit ihrer Hilfe eine Schutzmauer um sich herum errichten kann. Wenn man in ihn dringt, wird er behaupten, daß er offen sei, aber in Wirklichkeit blockt er ab und verteidigt sich. Er glaubt, etwas über sich selbst zu lernen, aber in Wirklichkeit versteckt er sich hinter einer Mauer.

Das Ganze ist jedoch relativ; eine Aktivität, die an einem Tag lehrreich sein kann, dient am nächsten schon als Schutzmechanismus und hat sich in das genaue Gegenteil verkehrt. Was für den einen Menschen Selbstschutz ist, kann für einen anderen ein Risiko sein. Zwei Menschen lesen das gleiche Buch. Für den einen ist es ein herausfordernder Einblick in eine andere Welt, eine Möglichkeit, seinen gewohnten Lebensraum zu erweitern. Für den anderen ist es purer Selbstschutz, ein Schutzschild, um seine Überzeugungen zu schützen und seine Sicht der Welt bestätigt zu finden.

Spüren Sie den Unterschied in Ihrem Körper. Eine echte lehrreiche Erfahrung ist zwangsläufig mehrdeutig; es ist durchaus möglich, daß Sie sich durch sie verunsichert, verwirrt und bedroht fühlen. Der Versuch, sich zu schützen, hingegen fühlt sich sicher, gemütlich und vertraut an. Da er sich innerhalb der Grenzen des Bekannten abspielt, gibt es keine Herausforderung und keinen Streß.

Da die Eule das weiß, beobachtet sie ihr Verhalten und ihre Motive genau. Sie erkennt ihre Neigung, sich über alle Maßen schützen zu wollen, und stellt ihr Verhalten deshalb in Frage: »Begebe ich mich wirklich in die Situation hinein, oder schütze ich mich? Ist das ein Abwehrmechanismus, der sich als Verwundbarkeit oder wichtige Lektion tarnt?«

Der Anfänger neigt dazu, derartige Selbsterforschung gänzlich zu vermeiden. Denn der Blick in den Spiegel kann sehr beunruhigend sein. Niemand kommt gern hautnah mit dem eigenen Unvermögen, Dummheiten oder Schwachpunkten in Kontakt. Doch darum geht es nicht. Auch der Eule gefällt nicht unbedingt, was sie sieht, aber sie blickt trotzdem in den Spiegel. Bei diesem Prozeß geht es nicht unbedingt darum zu lernen, Schmerz zu ertragen, sondern darum, unserem Leben größeren Reichtum und mehr Effektivität zu verleihen. Wenn Sie im Spiegel Fehler entdecken, dann können Sie sie korrigieren und aus dem Wege räumen, bevor sie für andere sichtbar werden, und Sie können sich selbst in eine vorteilhafte Position rücken. Durch Innenschau können Sie Ihr Verhalten dahingehend verändern, daß es Ihrer Umgebung und Ihren Beziehungen besser entspricht. Sie hilft Ihnen dabei, unnötige Anstrengungen zu vermeiden, nicht mehr so viele Kämpfe zu führen, die Ihnen nichts einbringen, Ängste abzubauen und eine höhere Lebensqualität zu erreichen.

Es ist besser, die inneren Drachen zu kennen, als unbewußt unter ihnen zu leiden. Wenn Sie Ihr Potential an Ärger, Furcht oder Aggression kennen, dann können Sie daran arbeiten und somit die Auswirkungen möglichst gering halten. Wenn Sie erst einmal Ihre Neigung erkannt haben, in Ihrem Verhalten zu Automatismen zu greifen, Dinge ständig hinauszuschieben oder symmetrisch zu handeln, dann können Sie das bereits vorausahnen und Ihr Verhalten entsprechend anpassen.

Der Anfänger denkt nur nebenbei und ganz gelegentlich nach; er lebt in der Illusion, Selbsterkenntnis sei eine Aufgabe, die ein für allemal abgehakt werden könne. Wenn er Erfahrungen macht und Herausforderungen begegnet, hat er das Gefühl, sich jetzt wirklich zu kennen, und akzeptiert es fälschlicherweise als seine endgültige, fertige Persönlichkeit. Der Prozeß der Selbsterkenntnis ist jedoch niemals endgültig. Jeder Mensch ist zutiefst und auf phantastische Weise kompliziert; wir tragen einen immensen Facettenreichtum in uns. Es ist ja nicht so, daß man in den Spiegel sieht, sich selbst erkennt und die Sache damit erledigt ist. Selbsterkenntnis ist vielmehr ein lebenslanges Unterfangen. Wenn Sie an einen Punkt gelangen, an dem Sie meinen, daß die Sache erledigt sei, dann sind Sie in der Tat erledigt.

Den Drachen umarmen

Verstehe ihn gründlich und führe ihn
zu dem Punkt, an dem er ohne Makel ist.
   Chuang Tzu

Wenn der Anfänger auf Widerstand stößt, dann greift er entweder in einem wütenden Gegenangriff zu den Waffen oder nimmt bei der erstbesten Gelegenheit Reißaus. Die Eule hingegen fängt erst einmal an, den Widerstand, mit dem sie sich konfrontiert sieht, einer genaueren Untersuchung zu unterziehen. Sie fragt sich: »Welche kurz- bzw. langfristigen Ziele verfolgt mein Gegner? Hat er überhaupt ein Ziel vor Augen, oder handelt er einfach nur aus Frustration oder einem Instinkt heraus aggressiv? Welche Fähigkeiten hat er, und wo liegen seine Schwachpunkte?«

Wenn Sie den Feind unter Ihre Kontrolle bringen möchten, dann müssen Sie sein Wesen kennen und sich diesem sogar bis zu einem gewissen Grade unterordnen. Je mehr Sie über Ihren Gegner wissen, desto besser können Sie sich auf ihn einstellen und sein Verhalten umlenken. Wie in anderen Bereichen, so bedeutet Wissen auch hier Macht, und Nichtwissen bedeutet Verwundbarkeit.

Das grundlegende Prinzip ist einfach: Lassen Sie die Quelle Ihres Widerstands niemals aus den Augen. Erhalten Sie den Kontakt zu seinem Ego, seiner Situation und seinen Interessen aufrecht. Sehen Sie es mit seinen Augen. Stellen Sie sich sein Dilemma bis ins kleinste Detail vor. Schlüpfen Sie dann in seine Haut, fühlen Sie seine Gefühle, und denken

Sie seine Gedanken. Geben Sie Ihr Ego, Ihre Werte und Interessen zumindest für eine gewisse Zeit auf. Versetzen Sie sich in die Rolle Ihres Gegners, und erleben Sie seine Situation. Je stärker Sie sich mit Ihrem Gegner identifizieren, desto größere Sicherheit erlangen Sie letzten Endes.

Wenn der Anfänger sich von dem »anderen« ein Bild zu machen versucht, unterliegt er einem Irrtum, denn er projiziert seine eigenen Erfahrungen auf sein Gegenüber. Er geht davon aus, daß die andere Seite so denkt wie er, so lebt wie er und dieselben Werte hat wie er. Er schreibt seiner Persönlichkeit Allgemeingültigkeit zu und nimmt von seinen Mitmenschen ganz automatisch an, daß sie seine Überzeugungen, seine Gefühle und seine Weltanschauung teilen. Wenn der Anfänger etwas fühlt, denkt, wünscht oder verabscheut, dann muß der »andere« das auch tun.

Damit begeht er einen schwerwiegenden Fehler. Alle anderen, seien es nun seine Freunde oder Feinde, sind in ihrem Charakter und Verhalten, ihrer Weltanschauung und der Funktionsweise ihres Gehirns einzigartig. Es ist sehr wahrscheinlich, daß sich ihre Reaktions- und Verhaltensweisen von den unsrigen unterscheiden. Da die Eule das erkannt hat, geht sie nie davon aus, daß ihr Widersacher ihre Ansichten teilt. Das Bild, das sie sich von ihrem Gegner macht, entsteht immer wieder neu.

Um kreativ handeln zu können, müssen Sie die wahre Natur des gegnerischen Widerstands kennen. Sie müssen wissen, wo Ihr Gegner steht und welche Absichten er verfolgt. Deshalb ist es wichtig, daß Sie mit ihm in Kontakt bleiben. Halten Sie an Ihrem Gegner fest, und lassen Sie ihm keinen Raum. Umarmen Sie den Widerstand so, als ob Ihr Leben davon abhinge. Spüren Sie noch das geringste Aufflackern des Widerstands Ihres Gegners.

Der Anfänger macht natürlich genau das Gegenteil. Aufgrund seiner übergroßen Angst geht er aus dem Kontakt heraus. Dadurch fühlt er sich sicherer, doch das ist eine gefährliche Illusion. Sobald die Verbindung unterbrochen ist, fehlen ihm äußerst wichtige Informationen, und er wird verwundbar. Eine unterbrochene Verbindung in einer Beziehung ist wie ein Vakuum, das der Gegner mit einem rauhen Wort, einem Faustschlag, einem feindlichen Übergriff oder einer Langstreckenrakete füllen kann. Wenn Sie aus dem Kontakt herausgehen, dann berauben Sie sich der Möglichkeit, die Absichten Ihres Gegners vorauszusehen. Wenn dann der Angriff erfolgt, wirkt er willkürlich bzw. unmotiviert, doch in Wirklichkeit ist es so gekommen, weil Ihre Aufmerksamkeit nachgelassen hat.

Es ist eine höchst paradoxe Kunst, mit unserem Gegner in Verbindung zu bleiben, denn sie erfordert, daß wir uns gerade auf das konzentrieren müssen, was uns am meisten Angst macht oder aufbringt. Aber genau dadurch können Sie Sicherheit erlangen. Die Seite, die die Kunst der Verbundenheit aufmerksamer verfolgt, wird letzten Endes erfolgreicher sein.

Der Prozeß an sich beruht auf Gegenintuition. In Ihrem Bemühen, Ihren Partner kennenzulernen, müssen Sie ihn genau unter die Lupe nehmen. Sie müssen in seine Haut schlüpfen, seine Gefühle, seine Gedanken denken und seine Träume träumen. So entwickelt sich ein interessantes Band zwischen Ihnen; Sie werden tatsächlich anfangen, sich mit Ihrem Gegner und seiner Zwangslage zu identifizieren. Die Extremsituation, in der sich zwei Feinde von zwei entgegengesetzten Polen aus bekriegen, kann sich auch ins Gegenteil verkehren. Durch tiefe Feindschaft entsteht eine Verbundenheit, die sogar zu Freundschaft und einem Miteinander führen können. Wissen schafft Verständnis, und Verständnis schafft Einfühlungsvermögen.

Nehmen Sie diese Möglichkeit in Ihr Repertoire auf, aber bleiben Sie auch weiterhin wachsam. Im schlimmsten Fall werden Sie zumindest in der Lage sein, den Angriffen Ihres Gegners zu begegnen. Im besten Fall werden Sie vermutlich den Weg für eine synergistische Lösung und ein tiefes gegenseitiges Verständnis bereiten. Seien Sie also nicht überrascht,

wenn die Feindschaft mit der Zeit zu verblassen beginnt.
Eine Feindschaft ist oftmals der Nährboden für eine Freundschaft.

Mit den Augen eines Vogels

Wenn Sie die Dinge nicht im Großen betrachten,
dann wird es Ihnen schwerfallen, die Kunst der Strategie zu mei-
stern.
  Miyamoto Musashi, *Das Buch der fünf Ringe*

Die überlegene Perspektive der Eule ist selbstverständlich die
Vogelperspektive – ein umfassender Standpunkt, der es ihr
erlaubt, das gesamte Panorama des Geschehens kritisch und
mit Weitblick zu betrachten. Von diesem Blickwinkel aus ist
es ihr möglich, das gesamte Umfeld, in dem sich ein Konflikt
abspielt, zu erfassen. Der Schriftsteller Robert Heinlein hat es
einmal mit den folgenden Worten ausgedrückt: »Die Eule
kann die gesamte Situation ›grollen‹.«
  Aus dieser überlegenen Perspektive heraus kann die Eule
ihre Interessen, Bedürfnisse, Werte, Stärken und Schwächen
ebenso wie die ihres Gegners erkennen und anerkennen. Sie
versteht den Zusammenhang, in dem sich ein Konflikt zu-
trägt. Ihr peripheres Sehvermögen und ihr Fernblick sind hervorragend. Sie sieht nicht nur das Zentrum, sondern auch die
Einflüsse aus der Umgebung und die zu erwartenden Ergebnisse.
  Die Fähigkeit der Eule besteht darin, ihre Aufmerksamkeit
auf das Verhalten und Wohlergehen in Beziehungsgeflechten
und größeren Systemen zu richten. Ihre eigenen Handlungen
und ihr eigenes Verhalten mißt sie daran, wie sie auf die
Großfamilie, die Organisation, unsere Spezies und Biosphäre
als Ganzes wirken. Globales Denken ist eine Meta-Fähigkeit,
bei der sie grundlegendes Wissen anwendet.
  Es gibt viele Bereiche, auf die Sie sich dabei beziehen kön-

nen. Blicken Sie über die unmittelbare Gegenwart und Ihre räumlichen Begrenzungen hinaus. Seien Sie vielseitig interessiert. So wie es bei einem lokal begrenzten Krieg um den größeren Zusammenhang des Überlebens unseres Planeten geht, so findet auch ein Streit zwischen Freunden innerhalb einer Gemeinschaft statt. Untersuchen Sie die Gesamtsituation; betrachten Sie Ihre Ziele und Beziehungen innerhalb eines größeren Bezugsrahmens; betrachten Sie das Gesamtbild. Und üben Sie sich dann darin, Ihre Perspektive immer wieder zu verändern. Gehen Sie vom Großen zum Kleinen und wieder zurück. Stellen Sie das konventionelle Wissen in einen neuen Rahmen. Betrachten Sie die Situation sowohl vom Zentrum als auch vom Rande aus. Wechseln Sie fließend von einer Perspektive zur anderen über.

Globales Denken ist ein wichtiger Beitrag zur Entwicklung strategischer Intelligenz; die Vogelperspektive wird Sie zu einem klugen und effektiven Kämpfer machen. Ihre Weitsicht wird es Ihnen ermöglichen, unkonventionelle Möglichkeiten zu sehen, die für den Kleingeist oder den Spezialisten unsichtbar bleiben.

Eine globale Perspektive kann Ihnen auch helfen, Ihrem Ego einen kleineren Anteil am Gesamtbild zuzuweisen. Der Anfänger würde es vorziehen, ein großer Vogel in einem kleinen Himmel zu sein, aber für die Eule liegt die Weisheit im Gegenteil. Wenn sich ihr Gefühl, wichtig zu sein, in Bedeutungslosigkeit auflöst, dann liegt der Weg des Verstandes klar vor ihr. Demut ist für diesen Prozeß unerläßlich. Je kleiner Ihr Ego ist, desto umfassender ist Ihre Sichtweise und desto durchdringender ist Ihr Verständnis. Wenn Ihr Ego Ihnen nicht länger die Sicht versperrt, dann werden Sie kreativ und aus der Inspiration heraus handeln können. Auch im Kleinen liegt Stärke.

Ausprobieren und loslassen

Für mich ist es von ganz entscheidender Bedeutung, keine vorge-
faßte Meinung zu haben und willig den Spuren zu folgen, zu denen
mich die Fakten führen.
  Sherlock Holmes

Da die Eule es manchmal mit herausfordernden und sogar le-
bensbedrohlichen Konflikten zu tun hat, legt sie sehr großen
Wert darauf, die Wahrheit herauszufinden. Sie weiß, daß sie
durch einen Fehler bei der Unterscheidung zwischen Realität
und Fiktion verwundbar wird. Der Versuch, einen imaginä-
ren Schlag abzuwehren oder ein imaginäres Ziel zu treffen,
wird sie unweigerlich in Schwierigkeiten bringen. Illusion
und Verzerrung sind bestenfalls kostspielige Verirrungen, im
schlimmsten Fall können sie zum Tode führen. Wenn Sie mit
Anmut und Geschmeidigkeit handeln möchten, dann müssen
Sie die Dinge so sehen, wie sie sind.

Aus diesem Grunde praktiziert die Eule die Kunst der Wissenschaft. Das Ziel dieser Kunst besteht darin, Illusionen, falsche Vorstellungen und Überzeugungen abzustreifen und
zum Kern dessen vorzudringen, was wirklich ist.

Der Anfänger versteht diesen Prozeß leider falsch. Er
glaubt, daß Wissenschaft so funktioniert, daß erst Theorien
über die Realität aufgestellt werden und dann versucht wird,
ihre Richtigkeit zu beweisen. Wenn der Anfänger versucht,
diese Herangehensweise auf seinen Alltag zu übertragen,
geht er folgendermaßen vor: Er stellt eine Theorie wie zum
Beispiel »Mein Nachbar ist aggressiv und feindselig« auf und
sucht dann nach Beweisen wie etwa »Er sieht verdächtig
aus«. Damit stützt er seine Theorie und erklärt sie dann für
»bewiesen«.

Aber so funktioniert Wissenschaft nicht. Eulenhafte Wissenschaftler suchen nicht einfach nur nach Beweisen, um
ihre Theorien zu stützen; und sie versuchen genausowenig,
den Beweis für die Richtigkeit ihrer Theorien zu erbringen.

Statt dessen suchen sie nach Gegenbeweisen, um ihre Theorien dann dementsprechend zu überarbeiten. Die Beschäftigung der Wissenschaftler besteht im Grunde genommen darin, ihre Theorien zu *widerlegen*.

Am Anfang dieses Prozesses stehen Spekulationen und Vermutungen. Der Wissenschaftler stellt eine Hypothese auf, die er dann anhand der Realität überprüft. Dabei strebt er nicht danach, irgend etwas zu beweisen. Tatsächlich kommt er dann weiter, wenn sich seine Vorstellungen bzw. Aspekte davon als falsch erweisen. Wenn das eintritt, können falsche Vorstellungen abgewandelt bzw. verworfen werden. Durch ständiges Variieren seiner Annahmen, durch Ausprobieren und Überarbeiten gelingt es dem Wissenschaftler, zum wahren Kern der Dinge vorzudringen.

Wichtig ist hierbei unsere Bereitschaft, uns von falschen Vorstellungen zu verabschieden oder sie zu revidieren. Doch leider setzen wir dem Widerstand entgegen. Unsere Vorstellungen vermitteln uns das Gefühl von Sicherheit. Wenn Wirklichkeit und Vorstellung voneinander abweichen, dann werden wir wütend und ärgerlich über die Wirklichkeit und ihre Weigerung, mit den Bildern in unserem Kopf übereinzustimmen. Es ist so, als würden wir einen Berg zeichnen und dann wütend auf den Berg werden, weil er anders aussieht als auf unserer Zeichnung. Diese Reaktion ist vollkommen rückständig. Statt unsere Bilder zu schützen und zu verteidigen, sollten wir sie einfach an die Wirklichkeit anpassen.

Leider meint der Anfänger, daß es von Schwäche zeuge, seine Meinung zu ändern. Er glaubt an Beständigkeit und Charakterstärke. Aber dieser Glaube untergräbt letzten Endes seinen Verstand. Unsere intellektuelle und persönliche Entwicklung hängt von der Bereitschaft ab, unangemessene Vorstellungen und Konzepte loszulassen und sie durch passendere zu ersetzen. Im Grunde sind es starre Überzeugungen, die unser Wachstum hemmen. Und auch hier gilt wieder, daß Stärke in der Schwäche liegt und Nachgeben Stärke bedeutet.

Unangemessene oder falsche Ansichten loszulassen bzw.

sie zu revidieren wäre einfach, wenn diese Ansichten isoliert existieren würden; doch das tun sie nicht. Das psychische Ökosystem ist ein Netz voneinander abhängiger Beziehungen, in dem die Art eines Bildes häufig von derjenigen eines anderen Bildes abhängt. Wir sehen uns hier also mit einer Herausforderung konfrontiert, die das ganze System betrifft: Wenn wir ein Bild überdenken bzw. es loslassen sollen, dann kann es sein, daß wir dadurch eine Anpassung für eine ganze Gruppe damit verbundener Bilder vornehmen müssen. Eine kleine Entdeckung kann eine vollständige Neuordnung unserer Weltanschauung bedeuten. Seien Sie auf diese Möglichkeit gefaßt.

Der Schlüssel, um bei wissenschaftlicher Erkundung Erfolg zu haben, heißt Ausgewogenheit. Wenn die kritische Stimme von der phantasievollen übertönt wird, dann laufen Sie Gefahr, sich in einer Welt der Illusionen zu verirren. Das ist äußerst gefährlich, denn auf der Straße oder auf dem Schlachtfeld gibt es einfach keinen Platz für ungezähmte Phantasien. Wenn andererseits die kritische Stimme zuviel Gewicht bekommt, dann werden Sie nur wenige Ideen hervorbringen, und die, die Sie produzieren, werden durch den inneren Kritiker zum Schweigen gebracht. Sie stagnieren und werden stumpfsinnig und verwundbar.

Schaffen Sie hier ein Gleichgewicht, indem Sie sowohl Ihre kritischen als auch Ihre kreativen Kräfte respektieren; geben Sie sich dem Wechselspiel zwischen Yin und Yang hin. Wenn Sie einer neuen Idee Raum geben, dann halten Sie sich mit Ihrem Urteilsvermögen zurück. Geben Sie sich Ihrem Bewegungsdrang, Ihrem Schreib-, Sprech-, Mal- und Ihrem Spielbedürfnis hemmungslos hin. Halten Sie sich nicht an das Beispiel des Anfängers, der sich selbst eine Niederlage bereitet, indem er vollkommen neue Ideen produziert, die er dann aufgrund »praktischer« Erwägungen verwirft.

Sie sollten statt dessen dem Pfad der Weisheit folgen und Ihrem kritischen Urteilsvermögen einmal eine Ruhepause gönnen. Machen Sie es sich zu eigen, nichts abzulehnen, egal, wie unmöglich es Ihnen auch erscheinen mag. Produzieren Sie zuerst Ideen, und überprüfen Sie sie dann auf ihre Durchführbarkeit. Denken Sie daran, daß es in den meisten Situationen nur *einer* zündenden Idee bedarf, um eine Lösung zu finden. Später kann Ihr Urteilsvermögen dann das letzte Wort haben und Ihre Phantasieflüge an der Wirklichkeit messen. Das ist dann die Zeit der Strenge, der Disziplin und des vertikalen Denkens.

Suchen Sie ständig nach dieser Ausgewogenheit. Fiktion, Phantasie und Illusionen werden Ihre Kreativität bis zu einem gewissen Punkt anregen. Wenn Sie jedoch über diesen Punkt hinausgehen, werden Sie davon nur abgelenkt und verwirrt werden. Mäßigen Sie die verführerischen Illusionen durch die Suche nach der Wahrheit. Fliegen Sie so hoch, wie Sie möchten, doch bleiben Sie immer mit dem Boden in Kontakt.

Sich vor Schwarzweißmalerei hüten

Die Zahl Zwei ist eine sehr gefährliche Zahl.
Versuche, irgend etwas durch zwei zu teilen, sollten
mit äußerster Vorsicht betrachtet werden.
  C. P. Snow

Wenn du meinst, daß dein Körper und dein Geist zwei sind,
dann liegst du falsch; wenn du meinst, daß sie eins sind, dann ist
das ebenfalls falsch. Unser Körper und unser Geist sind sowohl
zwei als auch eins.
  D. T. Suzuki

Für den Anfänger sind die meisten Dinge im Leben entweder schwarz oder weiß, gut oder schlecht, richtig oder falsch. Er packt alles in eine Schublade: Entweder gehört eine Sache zu einer bestimmten Kategorie oder aber nicht. Er geht davon aus, daß, wenn etwas schwarz ist, es gänzlich schwarz ist, und daß nichts gleichzeitig sowohl schwarz als auch weiß sein kann. Es gibt zwischen den einzelnen Kategorien keine Überschneidungen, und es gibt keinen mittleren Bereich.

Das dualistische Denken ist ein scharfkantiges Werkzeug, und wie alle scharfkantigen Werkzeuge kann es durchaus nützlich sein. Wenn man es mit Sorgfalt einsetzt, dann kann es uns dabei helfen, unser Wissen zu ordnen und praktische Probleme zu lösen. Es ist völlig korrekt zu sagen: »Eine Zahl ist *entweder* gerade *oder* ungerade.« Aber die scharfe Klinge des dualistischen Denkens schneidet nicht immer so gut; viele Dinge in diesem unglaublich reichen Universum lassen sich einfach nicht in nette, handliche Schubladen packen.

Für die Eule sind perfekte Schwarzweißkontraste eher selten. In vielen Beziehungen kommen Harmonie und Konflikte, Gesundheit und Krankheit, Sieg und Niederlage, Erfolg und Mißerfolg in abgestufter Form vor. Leider verführt uns das dualistische Denken dazu zu meinen, daß eine Sache entweder so oder so sein müßte. Wenn wir Schwarzweißmalerei betreiben, dann verpassen wir die phantastische Farbpalette, die uns zur Verfügung steht. Tatsächlich sind wir vollkommen blind dafür.

Das Problem ist nicht das dualistische Denken selbst; Schwarzweißmalerei hat durchaus ihre Berechtigung. Wenn wir nicht bereit sind, die dualistische Klinge anzusetzen, dann stellen sich Zaudern und Unentschlossenheit ein, und schließlich werden wir eine Niederlage hinnehmen müssen. Das Problem liegt in unserer Neigung, das dualistische Schwert überall in unserer Umgebung zu schwingen und dabei zwar einige Dinge gekonnt zu durchtrennen, viele jedoch auch ziemlich schlecht. Wir verinnerlichen das Entweder-Oder-Denken, setzen es unbewußt ein und sabotieren damit unseren Verstand.

Das dualistische Denken steht im schlechten Ruf, sich in Beziehungen ziemlich katastrophal auszuwirken. Selbst unter den besten Voraussetzungen sind unterschiedliche Bedürfnisse, komplexe Absichten und sich verändernde Werte Bestandteile unserer Beziehungen. Vom Standpunkt des dualistischen Denkens aus betrachten wir alles unter dem Motto »Wer nicht für mich ist, ist gegen mich«, »Wer nicht für uns ist, ist gegen uns«. Für uns sind Menschen entweder Freunde oder Feinde, aber niemals irgend etwas dazwischen.

Diese Perspektive vereinfacht unsere Beziehungen auf radikale Weise, wodurch das Ökosystem in zwei Gruppen unterteilt wird, nämlich in »wir« und »die anderen«. Das führt zu rassistischem, sexistischem, stammesorientiertem und nationalistischem Gedankengut. Menschen gehören entweder dazu oder nicht, sie sind entweder »Gläubige« oder »Ungläubige«, »Freunde« oder »Andersartige«.

Was das alles noch verschlimmert, ist die Tatsache, daß wir sogar noch weitergehen und meinen, daß der »gute« Mensch oder die »gute« Gruppe nur »gute« Eigenschaften habe und der »schlechte« Mensch oder die »schlechte« Gruppe nur »schlechte«. Selbstverständlich gehören »wir« zur »guten« Gruppe, zu den Befürwortern von Wahrheit und Gerechtigkeit, wohingegen »sie« die »schlechte« Gruppe sind, die bösen und aggressiven Barbaren. Von hier aus ist es nur mehr ein kleiner Schritt zu sagen, unser Verhalten sei »gerecht«, »vernünftig« und »defensiv«, wohingegen ihres als »grausam«, »ungerechtfertigt« und »aggressiv« klassifiziert wird. Das ist die »Logik« des Krieges.

Dualistisches Denken verzerrt unsere Weltsicht und beschneidet ganz fundamental unsere Fähigkeit, mit Konflikten umzugehen, indem es uns glauben macht, daß das Universum *entweder* freundlich *oder* feindselig sei. Offensichtlich haben wir angesichts solcher Überzeugungen nicht viel Spielraum bei der Auswahl unserer Strategien und Verhaltensweisen. Wir haben die Wahl, die Wunder des Universums entweder zu umarmen oder vor ihren Gefahren in Deckung zu gehen. Wir können entweder kooperativ, freundlich und vertrauensvoll sein, oder wir können eine Festung des Selbstschutzes um uns errichten. Der dualistische Denker hat keinen Zugang zu der Grauzone, die einen Großteil der Realität ausmacht; er muß entweder als vertrauensseliger, verwundbarer Narr mit offenen Armen durch die Welt gehen oder aber als erbarmungsloser, schwerbewaffneter Krieger mit zusammengeballten Fäusten.

Diese Vorgehensweise bringt uns nur Ärger ein. Offene Arme und ein vertrauensvolles Herz haben zwar ihren Platz im Repertoire der Eule, aber sie können auch dazu führen, daß wir uns zu Opfern machen. Es gibt ja tatsächlich irrationale und mißgünstige Halsabschneider auf diesem Planeten. Die geballte Faust schafft zwar kurzfristig Sicherheit, aber sie schneidet uns vom Reichtum und Wohlwollen des Universums ab.

Dualistisches Denken macht uns für eine ganze Reihe von Taktiken blind, zu denen unter anderem Widerstand, Rückzug, Passivität und Gewalt in unterschiedlichen Abstufungen gehören. Es führt dazu, daß wir Möglichkeiten wie Verhandeln, Immobilisierung, gewaltfreien Widerstand, Diplomatie, vorausschauendes Handeln und Erziehung überhaupt nicht in Betracht ziehen. Der Anfänger, der sich ausschließlich auf die offenen Arme bzw. die geballten Fäuste beschränkt, kann nie ein erfolgreicher Krieger *oder* Kriegsgegner werden.

Wenn wir in Schwarzweißkategorien denken, dann ist es uns unmöglich, gleichzeitig gegensätzliche Ideen in Betracht zu ziehen. Wir sind davon überzeugt, daß wir entweder stark oder sensibel sind, aber nicht beides zusammen. Entweder setzen wir unser Gehirn oder unsere Muskelkraft ein, aber nicht beides zur gleichen Zeit. Wir haben Schwierigkeiten damit, uns vorzustellen, daß etwas gleichzeitig hart und weich oder stark und schwach sein kann. Doch es ist genau diese Verbindung von komplementären Gegensätzen, die die strebsame Eule entwickeln muß. Wenn wir mit sehr unterschiedlichen Herausforderungen konfrontiert sind, dann müssen wir Fähigkeiten an den Tag legen, die gleichzeitig flexibel und starr, innen und außen, Taube und Falke, nachgiebig und kontrolliert sind.

Da Kämpfe in allen möglichen Intensitätsgraden auftreten

können, wäre es gut, wenn wir unsere Gedanken, Worte und Bewegungen aus einem unendlichen Repertoire an Möglichkeiten wählen könnten. Durch das dualistische Denken werden derart feine Abstufungen aber unmöglich gemacht. Wenn wir in Schwarzweißkategorien denken, dann konzentrieren wir uns auf das eine oder andere Extrem und finden keinen Zugang zu den Feinheiten, die für Erfolge und Meisterschaft unerläßlich sind.

Stellen Sie sich einmal vor, wie es wäre, wenn Ihr Gesicht nur zwei Ausdrucksmöglichkeiten hätte oder wenn Ihr Körper nur zwei Haltungen einnehmen könnte. Stellen Sie sich vor, wie es wäre, wenn Ihre Muskeln entweder nur angespannt oder schlaff sein könnten. Diese Vorstellungen erscheinen uns absurd, unangenehm und gefährlich. Aber warum spielt sich ein so großer Teil unseres Denkens in einem zweigleisigen Wertesystem ab? Wenn Sie Ihre Konfliktstrategien lediglich in *Entweder-Oder*, Kampf oder Flucht einteilen, dann ergeht es Ihnen nicht besser als einem Wesen, das nur über zwei Ausdrucksmöglichkeiten verfügt. Wenn Sie sich selbst *entweder* als Falke *oder* als Taube ansehen, dann ergeht es Ihnen nicht besser als einem Körper, der nur angespannt oder schlaff sein kann.

Leider werden wir auch durch unsere Sprache zur Schwarzweißmalerei verführt. Wenn wir einer Sache einen Namen geben, dann packen wir sie in eine sprachliche Schublade und glauben, daß sie entweder in diese Schublade oder in jene hineingehöre. Das Ergebnis sind dann Vorstellungen, Urteile und Verhaltensweisen, die nach dem Schwarzweißschema ablaufen. Sobald wir unseren Mund öffnen oder einen Stift zur Hand nehmen, laufen wir Gefahr, dualistische Annahmen zu formulieren. Tatsächlich sind gedankliche Schubladen Werkzeuge unserer sprachlichen Vorstellungskraft; es handelt sich hier jedoch nicht um tatsächliche Eigenschaften von Dingen oder Menschen.

Da die Eule sich darüber im klaren ist, prüft sie Begriffe und Definitionen. Seien Sie besonders vorsichtig, wenn Sie absoluten Aussagen begegnen, die Wörter wie »alle«, »immer«, »niemand«, »nie«, »total« oder »vollkommen« beinhalten. Der Autor Wendell Johnson hat das mit folgenden ironischen Worten beschrieben: »Immer und nie sind zwei Worte, bei denen man sich immer daran erinnern sollte, sie nie zu benutzen.« Seien Sie bei Fragen vorsichtig, auf die man nur mit Ja oder Nein antworten kann. Und seien Sie besonders wachsam, wenn das Wort »ist« auftaucht, ein Wort, das eine Person, eine Idee oder Organisation sofort in eine Schublade steckt. Wenn Sie das Wort »ist« hören, sollten Sie nach einer abgestuften Alternative suchen.

Neue Wörter sind besonders hilfreich, um die Grenzen des dualistischen Denkens zu überwinden. Das Volk der Inuit in Nordkanada verfügt über ungefähr zwanzig Begriffe, um bei zwischenmenschlichen Beziehungen den Raum zwischen den Eckpolen »Freund« und »Feind« auszufüllen. Es gibt sogar einen Begriff, der »Ich mag dich sehr, aber ich würde nicht gerne mit dir auf Robbenjagd gehen« bedeutet. Aufgrund seiner großen sprachlichen Flexibilität ist es unwahrscheinlich, daß der Inuit in die dualistische Falle tappt. Machen Sie sich nicht zum Opfer eines begrenzten Vokabulars. Wenn Sie sich durch Begriffe, die nur zwei Wertigkeiten zum Ausdruck bringen, gefangen fühlen, dann suchen Sie nach neuen Begriffen, um die Kluft zu überbrücken.

Transzendieren Sie das Entweder-Oder-Denken, indem Sie Sowohl-Als-auch-Sätze in Ihr Denken und Ihre Sprache übernehmen. Integrieren Sie das gesamte Spektrum. Suchen Sie nach Wortpaaren sich ergänzender Gegensätze, die zusammenpassen, um ein großes Ganzes zu bilden. Erkennen Sie an, daß ein Mensch sowohl Freund als auch Feind sein kann, sowohl klug als auch dumm, gleichzeitig mitfühlend und grausam, vernünftig und impulsiv. Waffen können einen Krieg genausogut beginnen wie ihn verhindern; das Universum kann sowohl freundlich als auch feindselig sein.

Argumente mit sowohl-als auch regen unsere Kreativität in allen Bereichen an. Es kommen uns dann einige unserer besten Ideen, wenn wir uns darum bemühen, zwei gegensätzliche Vorstellungen in einem einzigen Akt der Wahrnehmung zu integrieren. Sowohl-Als-auch-Aussagen sind reich; sie stellen eine Herausforderung dar und regulieren sich selbst. Wenn man die Dinge gleichzeitig als hart und weich, flexibel und stabil, Yin und Yang ansieht, dann werden statische Muster neu geordnet, und es entstehen tiefere Erkenntnisse.

Wenn Sie nach dualistischen Merkmalen und Eigenschaften Ausschau halten, dann werden Sie auch welche finden. Wenn Sie nach einer Vielfalt von Merkmalen und Verhaltensweisen suchen, dann werden Sie diese ebenfalls finden. Hier liegt der Unterschied zwischen der Eule und dem Anfänger. Der Neuling betrachtet eine Person, einen Prozeß oder eine Situation und sieht nur das Gröbste und Offensichtlichste. Die Eule ihrerseits blickt zwischen die Schubladen, um die feinen Unterschiede zu entdecken. Richten Sie Ihre Aufmerksamkeit auf subtile Unterschiede und die Fülle von Eigenschaften. Beobachten Sie, wie der Musiker eine große Bandbreite von Tonqualitäten erkennt und wertschätzt. Beobachten Sie, wie der Fotograf Tausende von Schattierungen zwischen Licht und Dunkelheit entdeckt. Auf ähnliche Weise kann die Eule winzige Veränderungen in einer Beziehung erspüren und wertschätzen. Sie kennt den Unterschied zwischen einer Situation, die konfliktgeladen ist, und einer anderen, in der der Konflikt mehr oder weniger große Ausmaße annimmt. Sie ist für die Schattierungen von Gewalt und Widerstand empfänglich, ebenso wie für verschiedene Stufen der Kooperationsbereitschaft und die einzelnen Abstufungen von richtig und falsch.

Doch diese Kunst hat ihren Preis. Um die Gefahren dualistischen Denkens zu transzendieren, müssen Sie ein gewisses Maß an scheinbarer Sicherheit, Ordnung und Gewißheit aufgeben. Die Welt, in der es Sowohl-Als-auch-Wertigkeiten gibt, ist reichhaltig und dynamisch, aber sie kann genausogut beängstigend und schwer zu verstehen sein. Um in dieser vielfarbigen Zone zu leben, müssen Sie eine hohe Toleranzspanne für Doppeldeutigkeiten entwickeln. Widerstehen Sie der Tendenz, zur simplistischen, irrealen Welt des Entweder-Oder zurückzukehren, wenn Sie Angst bekommen oder sich unsicher fühlen sollten. Entwickeln Sie eine gesunde Beziehung zum gesamten Spektrum Ihrer Erfahrungen. Begrüßen Sie ein Leben, in dem es teilweises Wissen, teilweise Kontrolle, teilweise Freundschaft und teilweise Feindschaft gibt. Für das, was Sie an oberflächlicher Ordnung und Sicherheit aufgeben, werden Sie mehr als reichlich durch Kreativität, größere Erfolge und eine reichere Erlebniswelt belohnt werden.

KAPITEL IV

Im Einklang mit der Natur

Wie ein Wald denken

Mangel an Weisheit in bezug auf das System wird immer bestraft. Wenn man die Ökologie eines Systems bekämpft, dann verliert man – besonders dann, wenn man »gewinnt«.
Gregory Bateson

Der Weg der Strategie ist der Weg der Natur.
Miyamoto Musashi, *Das Buch der fünf Ringe*

Die Eule ist eine Öko-Kriegerin, die mit den besonderen Eigenschaften lebendiger Systeme und gesunder Organismen aufs engste vertraut ist. Sie strebt die Ökologie des Geistes, des Körpers und der Gemeinschaft an. Sie setzt Konfliktstrategien ein, die ihrer Umwelt angemessen sind. Wenn sie kämpft, dann kämpft sie auf ökologische Weise.

Regenwälder, Wüsten, Moore, Korallenriffe und ähnliche Landschaftsformen sind nicht die einzigen Ökosysteme, die es gibt. Denn im Grunde genommen kann jede Beziehung unter ökologischen Gesichtspunkten betrachtet werden, und es gibt allgemeine Richtlinien, die auf alle Fälle anwendbar sind. Was für eine Alpenwiese funktioniert, funktioniert auch für eine Ehe, ein Unternehmen oder ein Klassenzimmer.

Wenn wir einen ökologischen Standpunkt einnehmen, dann erkennen wir, daß alle lebendigen Systeme durch ein Netzwerk voneinander abhängiger Beziehungen gekennzeichnet sind. Nichts existiert isoliert; jedes Individuum steht mit allen anderen Teilen des Ganzen in Verbindung. Folglich lautet das erste Gesetz der Ökologie: »Alles ist miteinander verbunden.«

Wenn die wißbegierige Eule diese Perspektive einnimmt, beginnt sie zu verstehen, daß sich jedes Verhalten irgendwoanders widerspiegelt; wenn sie eine andere Person angreift, dann ist das im Grunde genommen nichts anderes, als wenn sie sich selbst angreifen würde. In abgewandelter Form zur goldenen Regel »Liebe deinen Nächsten wie dich selbst« wird diese Botschaft nämlich zu »Liebe deinen Nächsten, denn du bist er«. Obwohl es manchmal ganz anders aussehen mag, sind Menschen in Wirklichkeit keine autonomen Wesen, die voneinander getrennt sind. Wir sind durch eine gemeinsame Physiologie und Erfahrungswelt miteinander verbunden, ebenso wie durch die Schwierigkeiten, denen wir uns hier auf der Erde gegenübersehen.

Das erste Gesetz der Ökologie lautet, daß Isolationsbestrebungen und strikte Neutralität grundsätzlich absurd sind. In der Biosphäre sind alle Beziehungen zu eng miteinander verflochten, als daß es sich ein Wesen, ein Unternehmen oder ein Land für längere Zeit leisten könnte, eine Inselposition einzunehmen. Durch eine Neutralitätserklärung hegen wir die Illusion, unabhängig und sicher zu sein, doch tatsächlich können wir uns nie von der Gemeinschaft abtrennen. *Jeder* Konflikt betrifft uns. Wenn man eine persönliche oder kollektive Isolationspolitik betreibt, dann ist das so, als würde man behaupten, daß eine Zelle im Körper von den anderen isoliert werden könne und es ihr weiterhin gut gehen werde.

Alles was wir tun, hat Auswirkungen auf das gesamte System – jedes kämpferische Verhalten hat eine weitreichende Bedeutung. Wir können nicht zurückschlagen, nachgeben, einen Kompromiß schließen oder einen Gegner hinters Licht führen, ohne daß dies eine Auswirkung auf einen anderen Teil unseres Systems hätte. Der Ökologe Garrett Hardin hat es mit den folgenden Worten ausgedrückt: »Wir können nie nur eine einzige Sache tun.«

Was losgeschickt wurde, kommt auch wieder zurück. Unser Verhalten in Konfliktsituationen kommt auf ganz natürliche Weise wie ein Bumerang wieder zu uns zurück. Bei Lao-tse heißt es folgendermaßen: »Handlungen kehren zum eigenen Kopf zurück.« Wenn Sie Ihre Nachbarin beleidigen oder zulassen, daß sie Sie beleidigt, dann hallt diese Handlung im ganzen sozialen Ökosystem wider, sie breitet sich in der gesamten Gemeinschaft aus und kommt schließlich mit karmischer Gerechtigkeit zu Ihnen zurück. Wenn Sie die Saat von Aggression und Passivität säen, dann werden Sie sie auch ernten.

Natürlich setzt auch das eulenhafte Verhalten eine wellenförmige Bewegung in Gang. Synergistische, für beide Seiten nützliche Beziehungen haben einen Echoeffekt und kommen mit ebenso großer Sicherheit zurück, wie es auch die anderen Beziehungen tun. Deshalb ist das Anstreben einer Konfliktlösung nicht nur eine gute, sondern auch eine kluge Sache. Wenn Sie die Saat für eulenhafte Meisterschaft säen, dann werden Sie sie auch ernten.

Die meisten von uns verstehen zwar, daß sich unsere Verhaltensweisen auf das System als Ganzes auswirken können, doch wir sind uns häufig nicht wirklich im klaren darüber, wie machtvoll diese Auswirkungen sein können. Die Dynamik komplexer Systeme verstärkt die Auswirkungen, die kleine, scheinbar unwichtige Ereignisse haben. In der Atmosphäre beispielsweise können geringe Temperatur- oder Druckschwankungen große Wetterveränderungen auslösen. Man sagt, der Flügelschlag eines Schmetterlings könne einen Tornado auf der anderen Seite des Planeten entfesseln.

In ähnlicher Weise sind auch die typischen Lebensbedingungen der Menschen höchst instabil; wir leben unser Leben im Schwebezustand, in Abhängigkeit von den Entscheidungen, die wir treffen. Es bedarf nur eines winzig kleinen Einflusses, um uns in die eine oder die andere Richtung zu bewegen. Ein Augenzwinkern, ein Kopfnicken oder der Klang einer Stimme können den Lauf eines ganzen Lebens verändern. Im Laufe der Zeit werden kleine Unterschiede zu großen.

Wenn Sie die Tatsache, daß sich Ihre Verhaltensweisen auf das System auswirken, zu schätzen beginnen, dann werden sich gleichzeitig Gefühle von Ehrfurcht und Inspiration bei Ihnen einstellen. Wenn Sie erkennen, daß jedes Verhalten ein kraftvolles Potential in sich trägt, dann werden Sie sich vorsichtiger und mit mehr Achtsamkeit bewegen. Nichts von dem, was Sie tun, ist wertlos, nichtig oder billig; alle Dinge, Ideen und Verhaltensweisen haben einen Einfluß auf das ganze System. Ihre Kraft, Ihr Erfolg und Ihre Freude fließen in alles hinein, was Sie berühren.

Folgerung: Wertevielfalt

Jeder Biologe weiß, daß eines der wichtigsten Merkmale eines gesunden Ökosystems die Vielfalt ist. Die Mannigfaltigkeit an Formen führt in jedem Ökosystem zu Widerstandskraft und Wohlbefinden, ob es sich nun um einen Regenwald, ein Unternehmen oder eine Freundschaft handelt. Eine Familie, eine Firma oder eine Nation, die mit verschiedenen Talenten und Ressourcen ausgestattet ist, befindet sich in einer besseren Position, um die Klippen einer unvorhersehbaren Zukunft zu umschiffen. Wahrscheinlich können die Schwächen des einen Individuums durch die Stärken eines anderen ausgeglichen werden. Das, was die Genetiker als »hybride Lebenskraft« bezeichnen, ist daher sehr wertvoll.

Ganz egal, auf welcher Ebene sie sich abspielt: Eine Monokultur befindet sich immer in Gefahr. Eine einseitige Diät führt zu Langeweile und Mangelerscheinungen, ein einseitiges Sportprogramm zu Verletzungen, ein einseitiger Lehrplan zu Stagnation, Engstirnigkeit und Dogmatismus. Wenn man das alles zusammennimmt, dann gehen daraus unterernährte, verletzte Menschen mit einem engen Horizont hervor, aber keine Eulen.

Für das Ökosystem, das wir den menschlichen Geist nennen, spielt Vielfalt eine ebenso lebenswichtige Rolle. Ein reicher Schatz an Gedanken und Vorstellungen ist für die Entfaltung von Kreativität, Aufmerksamkeit und Intelligenz von essentieller Bedeutung. Je mehr Vielfalt Ihre geistige Umgebung Ihnen zu bieten hat, desto größer ist die Anzahl der Möglichkeiten, derer Sie sich bedienen können. Alternativen ermöglichen Freiheit, kompetentes Handeln, Entspannung und größere Erfolge in allen Bereichen. In diesem Sinne ist Vielfalt mit Macht gleichzusetzen.

Natürlich weiß die Eule, daß Vielfalt auch für ihre Kampfphilosophie wichtig ist. Sie würde nie eine Monokultur herbeisehnen, in der nur Tauben oder Falken lebten – denn eine Veränderung in der Umwelt würde das gesamte System auslöschen. Der Anfänger schlägt heftig auf die Aggressivität des Falken ein oder macht sich über die Naivität der Taube lustig und erkennt nicht, daß *beide* Sichtweisen wichtig sind und daß Gedankenvielfalt uns dabei unterstützt, Konflikte in unserem Privatleben mit Geschick zu lösen; das gleiche Vielfaltsprinzip gilt auch für Problemlösungen im organisatorischen Bereich und bei internationalen Konflikten. Dabei ist für unsere Persönlichkeit sowohl der Falke als auch die Eule wichtig.

Meiden Sie Monokulturen. Machen Sie in allen Bereichen Erfahrungen. Sorgen Sie für Abwechslung, sowohl was Ihr Wissen und Ihre Fähigkeiten als auch was Ihre Beziehungen angeht. Studieren Sie viele verschiedene Disziplinen und Gebiete, denn dadurch entwickeln Sie ein reiches Repertoire an Bildern, Ideen und Konzepten. Vielleicht werden sich eines Tages ausgefallene, ungewöhnliche oder widersprüchliche Ideen als unentbehrlich für Sie erweisen.

Folgerung: Selbstregulierung
Eine weitere essentielle Eigenschaft lebender Systeme ist die Fähigkeit zur Selbstregulierung. Der gesunde Organismus weiß, wie er angesichts sich ständig verändernder äußerer Bedingungen im Inneren ein stabiles Gleichgewicht auf-

rechterhalten kann. Das echte Tier hält die Körpertemperatur, den Blutdruck und die Konzentration chemischer Substanzen auf einem ziemlich konstanten Niveau, auch wenn die Umweltbedingungen großen Veränderungen unterliegen.

Selbstregulierung ist das Produkt gegensätzlicher Kräfte. Im Tierkörper befinden sich beispielsweise an jedem Gelenk zwei zusammengehörige Muskeln, von denen einer der Beuger und der andere der Strecker ist. Wenn sich ein Muskel kontrahiert, dann erfolgt die Bewegung des Armes oder Beines in die entsprechende Richtung, sofern sie nicht durch eine Kontraktion auf der anderen Seite verhindert wird. Die Kontraktion des Streckers begrenzt und reguliert die Muskeln, was zu Weichheit und Anmut in der Bewegung führt.

Ohne Widerstand würde selbst die einfachste Bewegung eine außerordentlich hohe Konzentration erfordern. Einen Stift hochzuheben, die Seiten eines Buches umzublättern oder ein Bild zu malen, wäre uns dann kaum möglich. Wenn wir zu irgendeiner kraftvollen Bewegung ansetzten, dann würden sich unsere Gliedmaßen durch unkontrollierbare Krämpfe und Vibrationen selbst zerstören.

Ein System kann sich unmöglich ohne Gegenpart regulieren und wird sich zwangsläufig selbst zerstören. Deshalb braucht jede Idee eine Gegenidee, jede Kultur eine Gegenkultur, jede Regierung eine treue Opposition. Der Klang nur eines einzigen Flügelschlages ist der Klang eines Systems, das sich in akuter Gefahr befindet.

Bis zu einem gewissen Punkt ist Opposition vollkommen ökologisch. Sie reguliert die Bewegung, fördert das Wachstum und erhält das Gleichgewicht aufrecht. Das, was uns Widerstand leistet, liefert uns gleichzeitig auch Nahrung. Für die wißbegierige Eule ist dieses Wissen befreiend. Wenn Sie den Wert, der in der Opposition liegt, einmal erkannt haben, dann sinkt die Wahrscheinlichkeit, daß Sie sich ihr widersetzen werden, und Ihre Chancen, sie kreativ zu nutzen, steigen. Vielleicht kommen Sie sogar dahin, daß Sie sich an ihr erfreuen können. Ihr Gegner kann Ihnen tatsächlich bei Ihrem Streben zu überleben und zu gedeihen zur Seite stehen.

Da sich in einer konfliktreichen Beziehung beide Seiten gegenseitig regulieren, wird sich die Zerstörung einer der beiden Seiten nachteilig auf das ganze System auswirken. Strategien, die sich extrem an das Vorbild des Falken anlehnen und die auf die Vernichtung des Gegners abzielen, sind in der Regel unökologisch und können zum frühen Tod beider Seiten führen. Doch gleichzeitig sind extreme Strategien, die sich die Passivität der Taube zum Vorbild nehmen, ebensowenig ökologisch. Deshalb versucht die Eule nicht, ihren Gegner zu zerstören, und genausowenig läßt sie zu, daß der Gegner sie zerstört. Aus ökologischer Sicht ist die Kunst, mit Konflikten umzugehen, dann erfolgreich, wenn das Prinzip »Nicht gewinnen und nicht verlieren« zum Tragen kommt.

Das Ziel der Eule besteht nicht darin, Konflikte auszumerzen oder vollkommenen Frieden zu schaffen, sondern es besteht darin, sich auf ihren Gegner einzustellen, um die Gesundheit beider Seiten, ihre eigenen Interessen und das Ökosystem als Ganzes zu schützen. Sie möchte einen Kampf führen, der für beide Seiten vorteilhaft ist und keine sinnlose Konfrontation darstellt.

Wenn wir uns den übermäßigen Reaktionen unserer Mitmenschen entgegenstellen, dann leisten wir der Ökologie einen wichtigen Dienst. Tatsächlich ist es unsere ökologische Verantwortung, den extremen Verhaltensweisen unserer Mitmenschen Widerstand entgegenzusetzen und diese zu regulieren. Nicht alle Verhaltensweisen, die andere Menschen oder Gruppen an den Tag legen, machen ein Eingreifen erforderlich; die Eule setzt anderen ihren Widerstand nicht wahllos entgegen. Es ist eher so, daß sie bewußt und intelligent handelt und dabei das ganze System im Auge behält.

Handeln Sie überlegt. Setzen Sie der Tendenz Ihres Gegners zum Extremen eine Grenze. Zügeln Sie seine Neigung, das ganze System in Gefahr zu bringen. Beobachten Sie den

Gesundheitszustand des Systems und seine Tendenz, sich den Extremen anzunähern. Halten Sie nach positiven Kettenreaktionen Ausschau, nach Prozessen, die eskalieren oder sich selbst zerstören könnten. Wenn Sie sehen, daß etwas instabil wird oder außer Kontrolle gerät, dann sollten Sie eingreifen und dem entgegenwirken. Seien Sie wachsam für Entwicklungstendenzen; alles, was sich auf der Exponentialkurve bewegt, ist unmittelbar verdächtig.

Folgerung: Bleiben Sie im Rhythmus

Als Ökologin im Bereich Konfliktforschung ist sich die Eule der periodischen Schwankungen, die ein gesundes Ökosystem auszeichnen, sehr bewußt. Von der zyklischen Bewegung subatomarer Teilchen und dem Atmen der Tiere bis hin zu den Gezeiten und den Jahreszeiten durchdringen Zyklen und Rhythmen alle Bereiche unseres Lebens. Wir essen und schlafen, arbeiten und spielen, sprechen und hören zu, üben und ruhen uns aus. Diese Beschäftigungen laufen wie unser Atem nach dem ursprünglichen Rhythmus ab: Sie steigen an, erreichen ihren Höhepunkt, fallen ab und beginnen dann von neuem.

Integrieren Sie diese Rhythmen in Ihre Verhaltensweisen; atmen Sie diese Muster ein, als wäre es Ihre Atemluft. Wenn Sie eine neue Disziplin erlernen, sollten Sie Phasen intensiver Konzentration mit solchen des Spiels und der Entspannung abwechseln. Schaffen Sie ein Wechselspiel zwischen intensiver Nähe und starker Unabhängigkeit, zwischen Aktivität und Nachdenken.

Atmen Sie Ihre Verhaltensweisen ein. Schaffen Sie zwischen den einzelnen Phasen sanfte Übergänge, und streben Sie danach, sich in jeder Phase vollkommen auszuleben. Wenn Sie einen Zyklus wie Arbeiten-Spielen oder einen Zyklus wie Rational-Intuitiv atmen, dann sollten Sie mit Leichtigkeit von der einen Phase zur nächsten übergehen; doch erleben Sie jede Phase so intensiv wie möglich. Wenn Sie zu lange an einer Phase festhalten, dann ist das genauso, als würden Sie Ihren Atem anhalten: Es ist möglich, aber doch nur für einen begrenzten Zeitraum.

Auch in zwischenmenschlichen Beziehungen unterliegt das Verhalten periodischen Schwankungen. Der Anfänger meint, daß die Konflikte, die er in Beziehungen erlebt, streng dem Gesetz von Ursache und Wirkung folgen, aber das muß nicht unbedingt so sein. Konflikte und Lösungen in zwischenmenschlichen Beziehungen können ebenso im Einklang mit der Natur kommen und gehen wie die Phasen des Mondes oder Veränderungen der Wetterlage, unabhängig davon, ob bewußt eingegriffen wird oder nicht. Kämpfe und Streitigkeiten treten phasenweise auf und ohne provoziert worden zu sein; der Anlaß dazu kann nichtig sein. Der Sturm wütet, und plötzlich legt sich der Wind, und es tritt wieder Ruhe ein. All das scheint sich trotz unserer gegenteiligen Bemühungen zu ereignen. Wir glauben, daß wir die Sache unter Kontrolle haben, aber vielleicht durchleben wir gerade einen natürlichen Zyklus.

Achten Sie bei dem Widerstand, der Ihnen entgegengesetzt wird, auf zyklisch auftretende Schwankungen. Vielleicht ist Ihr Konflikt nur Teil eines dem System eigenen Rhythmus, der sich auf ganz natürliche Weise auflösen wird. Vielleicht würde eine Einmischung den natürlichen Prozeß, der unter der Oberfläche bereits abläuft, nur stören. Öffnen Sie sich der rhythmischen Funktionsweise des Systems als Ganzem; spielen Sie mit Geduld und Zurückhaltung das Yin an. Wenn Sie einfach nur warten, dann kann ein Konflikt seinen ganz natürlichen Lauf nehmen.

Folgerung: Bewahren

Die große Eule Heraklit hat uns die folgende Botschaft übermittelt: »Man kann nicht zweimal in dasselbe ökologische System steigen.« Dinge verändern sich; der Feind von heute kann morgen schon unser Verbündeter sein. Was uns heute wütend macht, kann uns morgen schon erfreuen. Erkennen Sie diese Dynamik an, indem Sie in einem Konflikt nie mehr

Schaden als unbedingt notwendig anrichten. Die totale Vernichtung eines Gegners mag zwar Ihren Urinstinkt nach Rache befriedigen, aber das ist Dummheit und keine Meisterschaft. Sunzi verlieh dieser Herangehensweise mit den folgenden Worten Nachdruck:

> Die Armee des Feindes gefangenzunehmen ist besser, als sie zu zerstören; ein Bataillon, eine Kompanie oder eine fünf Mann starke Gruppe in intaktem Zustand zu übernehmen ist besser, als sie zu zerstören.

Die Eule weiß Veränderungen zu schätzen. Sie sieht, daß sich überall um sie herum Bündnisse und Bedingungen in ständiger Bewegung befinden; sie verspürt nicht den Wunsch, sich irgendwelchen Möglichkeiten gegenüber zu verschließen oder sich einer Handlungsstrategie mit unwiderruflichem Ausgang anzuschließen. Sie lebt von Möglichkeiten und Alternativen und läßt sie daher so lange wie möglich offen. Da sie nicht weiß, was auch in der Zukunft nützlich sein könnte, pflegt sie die Kunst des Bewahrens – und zwar bewahrt sie nicht nur Menschenleben, sondern auch Eigentum, Ideen, Philosophien, Kulturen, Beziehungen, Arten und Ökosysteme. Der Naturschützer Aldo Leopold hat dazu gesagt: »Die erste Regel des intelligenten Herumbastelns besteht darin, alle Zahnräder und Reifen aufzubewahren.« Brechen Sie keine Brücken hinter sich ab, es sei denn, Sie haben keine andere Wahl.

Folgerung: Sich einlassen
Die Lektionen der Natur lernen wir durch unmittelbare Erfahrung und Teilnahme am besten. Doch leider vernachlässigen wir diesen Weg nur allzuoft. Unsere Kultur zielt auf die Trennung von der Natur ab, und einen Großteil unseres Wissens eignen wir uns nicht durch Erfahrung und Kontakt an, sondern durch Distanz und Trennung. Das verleiht uns Macht und Kontrolle, doch wir zahlen dafür den hohen Preis von

Isolation und Entfremdung. Diese Strategie steht der Erkenntnistheorie der Tiere diametral entgegen, denn diese kennen die Welt, in der sie leben, sehr genau, da sie über ihre Sinne mit ihr Kontakt aufnehmen.

Wir können die Lektionen der Natur nicht lernen, wenn wir von ihr getrennt sind. Wir müssen in die lebendige Welt eintauchen. Der Zen-Dichter Basho beschrieb das mit folgenden Worten: »Wenn man etwas über die Kiefer lernen möchte, dann muß man zur Kiefer gehen. Wenn man etwas über den Bambus lernen möchte, dann muß man zum Bambus gehen.« Sich einzulassen bedeutet, zu berühren, zu riechen und die lebendige Erde zu hören. Es bedeutet, zum Wald, zur Wüste und zum Meer einen intensiven Kontakt aufzubauen. Es bedeutet, mit der Wildheit der Natur Freundschaft zu schließen. Es bedeutet, Nässe, Schmutz, Kälte und Hunger zu erfahren, sich zu verlaufen und vollkommen erschöpft zu sein.

Das wirtschaftliche Denken lehrt uns, daß die »Flucht« in die ungezähmte Welt egoistisch sei, aber nichts ist weiter von der Wahrheit entfernt als diese Aussage. Tatsächlich ist der Weg in die Wildnis von sozialer Verantwortung geprägt; er ist ein therapeutischer Akt von großer Bedeutung. Sich einzulassen löst die Dualität zwischen Mensch und Natur auf und lehrt uns Herangehensweisen, die in keiner zivilisierten Kultur erlernt werden können.

Vernachlässigen Sie diese Übung nicht. Tauchen Sie in die Wildnis ein; treten Sie mit der Natur in einen Dialog. Entfernen Sie sich so weit von der Straße, wie Sie nur können. Erfahren Sie die Wunder der Vielfalt, der Regulierung und der Anpassung in Ihrem eigenen Körper. Hören Sie auf die Sprache der Evolution. Das ist ein wichtiger Schritt.

Sich an die Spielregeln halten

Wir sollten den Feind hindern, ihn aber nicht auslöschen. Wir müssen lernen, uns in den Kreislauf von Kooperation und Konflikt, Symbiose und Jagd einzufügen, der das Gleichgewicht der Natur aufrechterhält, denn eine Gattung, die ständig siegreich ist, zerstört nicht nur sich selbst, sondern auch das übrige Leben in ihrer Umgebung.
  Alan Watts, *The Book*

Die gesamte Physiologie eines gesunden Ökosystems gehorcht dem Gesetz von Papier, Schere und Stein. Hierbei handelt es sich um ein Spiel, das jeder Spieler abwechselnd beeinflussen und bei dem er zeitweise Macht und Kontrolle ausüben kann. Stein bricht Schere, doch er kann vom Papier eingewickelt werden. Papier wickelt Stein ein, doch es kann von der Schere zerschnitten werden. Schere schneidet Papier, aber sie kann am Stein zerbrechen. Jede Gattung kann von irgendeiner anderen überwältigt werden. Es gibt niemanden, der immer dominiert, keine perfekte Nummer eins. Selbst die größten Raubtiere können durch Mikroorganismen, Asteroiden, klimatische Veränderungen oder Nahrungsmangel vernichtet oder geschwächt werden. In diesem Sinne sind alle Gattungen gleich.

Problematisch wird es dann, wenn wir uns nicht an die Spielregeln halten. Da der Anfänger sich nicht damit zufriedengibt, gelegentlich einen Sieg davonzutragen, versucht er, das Spiel durch unlautere Machenschaften zu beeinflussen, so daß er immer der Beste ist. Beim Streben nach vollkommener Sicherheit sucht er nach Strategien und Technologien, die ihm die Garantie für ein konstant gutes Ergebnis liefern können. Er baut neue Waffen, setzt Agenten ein, schießt Satelliten ab und durchleuchtet jeden Millimeter seines Privatlebens nach Verteidigungsmöglichkeiten. Er strebt danach, der Stein zu sein, der sowohl das Papier als auch die Schere schlagen kann.

Sich die Konsequenz des Ganzen vorzustellen, ist nicht schwierig – ein kurzfristiger Sieg, der zur endgültigen Niederlage führt. Wenn der Stein es schafft, das Papier zu schlagen, dann ist das Spiel vorbei; das Gleichgewicht, das dem Spiel seinen Reiz verlieh, ist jetzt zerstört, und es gibt kein Spiel mehr zu gewinnen.

Selbstverständlich muß jede Gattung und jedes Individuum danach streben, ein bestimmtes Maß an Einfluß und Kontrolle über seine Umgebung zu gewinnen. Die Eule muß die ihr zustehende Nische schützen; Stein sollte Schere schlagen, Schere sollte Papier schlagen. Doch wenn unser Einfluß zu groß wird, dann bricht die Gesamtstruktur des Spiels zusammen, und wir gehen mit ihm unter. Wenn das Papier es schaffte, sowohl die Schere als auch den Stein zu schlagen, dann würde das Spiel seinen Wert als selbstregulierender Organismus verlieren. Wenn wir ein wenig gewinnen, dann gewinnen wir. Aber wenn wir einen großen Gewinn erzielen, dann verlieren wir alles.

Respektieren Sie die Papier-Stein-und-Schere-Natur eines gesunden Ökosystems, indem Sie Einschränkung, Bescheidenheit, Demut und zurückhaltendes Auftreten praktizieren. Tragen Sie Ihre Siege davon, wann immer Sie können, doch bleiben Sie in Ihrer Nische. Versuchen Sie nicht, mehr zu tun als das, was Sie gut können. Streben Sie weder nach Dominanz noch nach totaler Sicherheit. Seien Sie mit einem Teil der Macht und einem Teil des Einflusses zufrieden, so wie es auch jedes echte Tier wäre. Wenn Sie an dem Spiel teilnehmen, es aber nicht dominieren, dann können Sie es genießen. Die Eule muß den Wald nicht regieren, um gut darin zu leben.

Sanft auftreten

Angesichts feindlicher Bedrohung wünschen sich viele von uns, unsichtbar zu sein. Wir denken: »Wenn mein Gegner mich nicht sehen könnte, dann könnte er mich auch nicht angreifen. Wenn er mich nicht angreifen könnte, dann könnte er mich auch nicht verletzen. Wenn ich unsichtbar wäre, dann wäre ich in Sicherheit.«

In gewisser Hinsicht hat diese Heimlichkeitsstrategie durchaus ihr Gutes. Sich davonzuschleichen ist im Tierreich weit verbreitet, und viele Tiere überleben, weil sie sich zurückhalten. Anonymität zahlt sich aus: Der Preis dafür, einen Kampf durch Davonschleichen zu vermeiden, ist weitaus niedriger als der, in einer Schlacht mit unvorhersehbarem Ausgang eine Verletzung oder gar den Tod zu riskieren.

Im allgemeinen ist nichts damit gewonnen, wenn man unnötig die Aufmerksamkeit auf sich zieht. Deshalb ist die Eule in ihrem Auftreten unauffällig und paßt Körper und Verhalten ihrer Umgebung an. Sie berührt die Erde sanft und hinterläßt kaum Spuren. Sie bewegt sich so sanft wie Sunzis »Geist im Sternenlicht«.

So wichtig das Davonschleichen auch ist, so ist es weder unfehlbar noch für alle Situationen angemessen. Übermäßiges Verschmelzen führt uns in einen neuen Kontext hinein. Wir fangen an, unsere Sprechweise, unsere Kleidung und unsere Ansichten zu ändern. Wir bieten keine Angriffsfläche, indem wir uns Autoritätspersonen gegenüber unterwürfig verhalten und uns dem herrschenden ideologischen Wertesystem unterordnen; mit Hilfe der Anonymität hoffen wir Sicherheit zu erlangen. Schließlich sind uns diese Strategien gar nicht mehr bewußt, und wir führen ein Leben, das nicht nur der körperlichen, sondern auch der gesellschaftlichen und politischen Unsichtbarkeit gewidmet ist.

Diese zwangsweise Anpassung kommt uns jedoch teuer zu stehen. Wenn wir uns der Heimlichkeit verschreiben, dann opfern wir unseren persönlichen Ausdruck und unsere Kreativität; wir geben Wahlmöglichkeiten ebenso auf wie unsere Macht. Hinzu kommt, daß der Zustand, ständig in Sicherheit zu sein, eine Illusion darstellt: Wenn man immer mit dem Strom schwimmt, dann ist man zwar vor direkten Angriffen sicher, doch dieser Vorteil wird zunichte gemacht, wenn der Strom selbst in eine Gefahr oder ein Chaos hineinsteuert.

Heimlichkeit und Konformität verändern außerdem unser Verantwortungsbewußtsein. In Gegenwart von Autoritätspersonen fallen wir durch Ungehorsam auf und machen uns dadurch verwundbar; also tun wir das, was man uns sagt, und stellen keine Fragen. Dieses Verhalten gefällt den Vorgesetzten, doch es öffnet dem Konformitätsdenken Tür und Tor. Wenn Menschen sich zwanghaft verstecken, dann können diejenigen, die an der Macht sind, sie nach ihrem Gutdünken in jede beliebige Richtung leiten, egal, wie übel oder unheilvoll diese auch sein mag. Letzten Endes führt zwanghafte Unsichtbarkeit zu gesellschaftlichem Verfall und zu Greueltaten. Wenn sich alle Mitglieder einer Gruppe ducken, dann wird niemand mehr ein Risiko auf sich nehmen und es wagen, seine Meinung auszusprechen oder Herausforderungen zu begegnen. Wenn alle unsichtbar sind, ist niemand sicher.

Trotz dieser Gefahren ist sanftes Auftreten eine gesunde Strategie und ein wesentlicher Bestandteil des Repertoires der Eule. Es geht um Bewußtheit. Wenn Sie sich dafür entscheiden, sanft zu gleiten, dann tun Sie es bewußt. Wenn Sie sich dafür entscheiden, sich davonzuschleichen, dann tun Sie es absichtlich, jedoch nicht allzu oft und nicht aus einem Zwang heraus. Seien Sie vielseitig. Lernen Sie, wie man unsichtbar wird und wie man auffällt.

Mit leichtem Gepäck reisen

Innerhalb Grenzen zu leben, nach einer Sache zu verlangen, oder auch nur nach wenigen, sehr stark und sie innig zu lieben, an ihnen zu hängen, sie von jedem Winkel aus zu betrachten, eins mit ihnen zu werden – das macht den Dichter, den Künstler und den Menschen aus.
    Johann Wolfgang von Goethe

Ein Leben, das auf dem Haben beruht, ist weniger frei als eines, das auf dem Tun oder dem Sein beruht.
    William James

Lebens- und Kampfbedingungen ändern sich ständig. Die Eule muß äußerst beweglich sein; sie muß ihre Position von einem Moment auf den anderen verändern bzw. anpassen. Wenn sie durch eine große Last an physischen oder emotionalen Besitztümern niedergedrückt wird, dann steckt sie fest. Totes Gewicht macht sie verwundbar und ineffektiv.

Der Anfänger glaubt, daß er durch Anhäufung von Besitztümern Macht ansammelt. Er verwendet viel Kraft darauf, materielle Güter anzusammeln, weil er glaubt, dadurch größere Kontrolle und Sicherheit zu erlangen. Bis zu einem gewissen Punkt ist dieser Ansatz erfolgversprechend, aber wie üblich schlägt das eine Extrem ins andere um. Zu viele Anhaftungen – an Dinge, Ideen oder Verhaltensweisen – werden letzten Endes seine Mobilität zerstören. Durch Anhaftung an die Materie wird der Krieger verwundbarer und nicht weniger verwundbar.

Im Gegensatz dazu verhält sich die Eule Besitz gegenüber skeptisch. Sie versteht, daß Macht oftmals nicht an dem gemessen werden kann, was sie besitzt, sondern daran, worauf sie verzichten kann. Folgen Sie ihr auf diesem Weg. Begrenzen Sie Ihr Streben, sich Dinge anzueignen. Stellen Sie Ihre Besitztümer in Frage, und üben Sie sich darin, mit leichtem Gepäck zu reisen. Wenn Sie durch Werkzeuge und Materialien Macht erlangen können, dann tun Sie es, aber lassen Sie sich nicht von ihnen beherrschen. Machen Sie sich darauf gefaßt, sie loszulassen, sobald sie Ihnen nicht mehr nützlich sind und sie Ihre Mobilität einschränken. Letzten Endes wird Ihr Eulendasein an Ihren Handlungen und nicht an der Größe Ihres Vermögens gemessen werden. Je mehr Sie aufgeben, desto weniger haben Sie zu verlieren, und desto kraftvoller können Sie sein.

Kleine Waffen tragen

Eure Diskretion soll Euer Lehrer sein; paßt Eure Handlungen Euren Worten an, und Eure Worte Euren Handlungen; wenn Ihr dies besonders beachtet, dann mißachtet Ihr nicht die Bescheidenheit der Natur.
Shakespeare

In der Kunst geht es um Qualität, aber auch um Quantität; der Maßstab und die richtigen Proportionen spielen ebenfalls eine bedeutende Rolle. Es geht darum, die richtige Menge zu finden: die richtige Menge an Farbe, an Licht oder Klang. Denn in der Kunst geht es fortwährend um die Frage »Wieviel?«.

Bei dieser Suche nach der richtigen Menge dient die Natur als Vorbild. In jedem Ökosystem gibt es für alle Substanzen die ideale Konzentration. Wenn die Erdatmosphäre zuwenig Sauerstoff enthielte, dann würde das Leben untergehen, gäbe es zuviel, würden überall Brände ausbrechen. Für die Ernährung von Tieren sind Mineralien von essentieller Bedeutung, nimmt man sie jedoch in zu hoher Konzentration zu sich, sind sie schädlich.

Eine Hauptaufgabe der Toxikologie besteht darin, die optimale Menge herauszufinden. Für den Toxikologen ist keine Substanz von Natur aus giftig oder umweltverschmutzend; vielmehr ist die Menge entscheidend. Ein Glas Wein zum Abendessen kann eine therapeutische Wirkung haben, aber mit einer größeren Menge gehen Sie ein Risiko ein. Ein Sprichwort lautet: »Die Dosis macht das Gift.«

Wenn die Konzentration einer Substanz das Ideale übersteigt, dann tritt häufig eine dramatische Umkehrfunktion ein. Eine kleine Menge Nahrung liefert uns Energie, eine große Menge macht uns faul und träge. Durch ein wenig Streß wird unsere Aufmerksamkeit auf einen Punkt gerichtet und unsere Leistungsfähigkeit gesteigert, großer Streß jedoch lenkt uns ab und schwächt unsere Kräfte. Ein schwaches Beruhigungsmittel kann, wenn es in großen Mengen eingenommen wird, anregend wirken und umgekehrt. Das Extrem bewirkt das Gegenteil.

Das gleiche gilt auch für die Verteidigung. Wenn in einem Sytem immer mehr Waffen angeschafft werden und der Verteidigungsfrage immer mehr Beachtung geschenkt wird, dann schlägt der Vorteil ins Gegenteil um. Wenn es über einen bestimmten Punkt hinausgeht, dann führt mehr Verteidigung zu weniger Sicherheit. Wenn der Aufrüstungsprozeß weitergeht, dann wird die Person bzw. Organisation durch diese großen Waffenvorräte verwundbarer, als wenn sie sich überhaupt nicht verteidigt hätte.

Dieses Prinzip gilt für alle sozialen Ökosysteme – vom kleinsten bis zum größten. Derjenige, der einfach nur seine Tür abschließt und die Augen offenhält, um zu sehen, ob Ärger im Anzug ist, verschafft sich größere Sicherheit. Der Besitz eines Hundes steigert seine Sicherheit noch. Und eine Waffe verschafft ihm eventuell sogar noch mehr Sicherheit. Aber wenn er darüber hinausgeht, muß er erfahren, daß die Sicherheit abzunehmen beginnt; zwei Waffen verschaffen ihm nicht doppelt soviel Sicherheit, und drei Waffen machen ihn nicht dreimal so sicher.

Wenn der Anfänger sich zu verteidigen beginnt, dann entdeckt er, daß seine anfänglichen Bemühungen ihm ein stärkeres Sicherheitsgefühl gaben. Da er zu Anfang erfolgreich damit war, folgert er, daß Sicherheit und Verteidigung in einer direkten Beziehung zueinander stehen. Daher meint er:

»Wenn etwas Verteidigung gut ist, dann kann mehr nur besser sein.«

Verteidigung und Sicherheit stehen jedoch tatsächlich in keinem direkten und linearen Verhältnis zueinander. Verteidigungsmaßnahmen, die auf einem niedrigen Niveau stattfinden, verhelfen anfangs zu einem hohen Niveau an Sicherheit, doch letzten Endes schrumpft dieser Vorteil zusammen. Ab einem bestimmten Punkt wendet sich der vom Anfänger geschaffene Sicherheitsvorteil ins Gegenteil um, und er bereitet sich mit seinen Verteidigungsmaßnahmen selbst eine Niederlage.

Übermäßige Verteidigungsmaßnahmen verfehlen auf dreierlei Weise ihren ursprünglichen Zweck: Erstens werden menschliche Ökosysteme durch Angst und Besorgnis verunreinigt, wodurch automatische Verteidigungsreaktionen in Gang gesetzt werden, die ihrerseits noch mehr Angst und Reaktivität hervorrufen. Paradoxerweise haben Verteidigungsmaßnahmen die Tendenz, das ins Leben zu rufen, wogegen sie ursprünglich eingesetzt wurden – wir erkennen, daß wir mehr Verteidigungsmaßnahmen brauchen, um uns gegen die Ergebnisse unserer Verteidigungsmaßnahmen zu wehren.

Ein hohes Verteidigungsniveau verfehlt auch dann seinen ursprünglichen Zweck, wenn dadurch weniger Mittel für Gesundheit, Erziehung und Bildung und die Fürsorge für die eigene Person zur Verfügung stehen. Wenn Verteidigungsmaßnahmen das optimale Niveau überschreiten, dann werden sie zu Parasiten, die von der Lebendigkeit des Organismus leben, den sie eigentlich verteidigen sollten. Der Anfänger, der seine gesamte Zeit damit verbringt, sich ständig umzuschauen und sein Schwert zu schleifen, wird keine Zeit mehr haben, um Bücher zu lesen, Musik zu machen, Freundschaften zu schließen oder sich um seine Gesundheit zu kümmern. Vielleicht ist er vor äußeren Bedrohungen sicher, doch seine innere Welt wird so seicht und unterernährt sein, daß sie es kaum noch wert ist, verteidigt zu werden.

Durch die Verteidigungspraxis können Aufmerksamkeit

und Intelligenz gesteigert werden, aber nur bis zu einem gewissen Punkt. Darüber hinaus wirft sie auf den Pfad, der zur Erleuchtung führt, einen Schatten und wird zu einer Art Anti-Erziehung. Eine starke Verteidigung bietet kurzfristigen Schutz, aber langfristig führt sie zu Stagnation, Fehlverhalten und paradoxerweise zu einer größeren Verwundbarkeit. Im Extremfall können wir durch Verteidigungsmaßnahmen sogar verdummen.

Deshalb strebt die Eule konstant ein optimales Verteidigungsniveau an. Untersuchen Sie die Extreme, und verkleinern Sie Ihren Fokus. Wenn Sie sich durch feindliche Kräfte in die Rolle des Opfers gedrängt fühlen, dann erhöhen Sie Ihr Yang. Wenn Sie meinen, daß Ihre Verteidigungsbemühungen das lokale Ökosystem vergiften oder den häuslichen oder persönlichen Bedürfnissen die Mittel abschneiden, dann sollten Sie das Yin verstärken. Natürlich handelt es sich bei der optimalen Verteidigung nicht um eine statische Qualität: Da sich Ihre Umgebung ständig verändert, werden Sie kontinuierlich Anpassungen vornehmen müssen.

Es ist ziemlich leicht, die Verteidigungsmaßnahmen zu verstärken und eine größere Anzahl an Waffen herzustellen. Die schwierigere Herausforderung besteht jedoch darin, unsere Verteidigung abzubauen. Wir glauben, daß unsere Gegner, wenn wir unsere Stellung aufweichen, über uns hereinstürmen würden, um uns zu vernichten (unsere Gegner denken natürlich dasselbe). Deshalb fahren wir noch größere Geschütze auf, wobei wir übersehen, daß weniger Verteidigung uns tatsächlich mehr Sicherheit und Gewißheit geben könnte. Natürlich ist die Aussicht riskant. Doch welches ist das größere Risiko von beiden? Die Möglichkeit, daß ein Gegner uns angreifen wird, oder die Gewißheit, daß erhöhte Verteidigungsmaßnahmen das gesamte System verschmutzen werden und uns innenpolitisch finanziell zugrunde richten werden? Das Risiko einzugehen ist häufig der sicherste Kurs.

Gleichgewicht anstreben

Eine gehobene Geistesverfassung ist schwach, und eine gedrückte Stimmung ist schwach.
  Miyamoto Musashi, *Das Buch der fünf Ringe*

Deshalb vermeidet der Meister einer Kunst Übermaß und Mangel, statt dessen strebt er den Zwischenraum an und entscheidet sich für diesen.
  Aristoteles

Wenn die Eule nachts in sanftem Flug durch die Lüfte gleitet, dann hört sie sehr genau auf die subtilen Botschaften, die aus ihrem inneren Ohr, ihren Flügeln und ihrem Leib zu ihr dringen, und paßt sich ständig ihrer Umgebung an. Auch wenn es stürmt, so bleibt ihre Konzentration doch zielgerichtet. Mit ihrem Schwanz und ihren Flügelspitzen nimmt sie winzige Korrekturen vor, wobei sie der Luft in jedem Augenblick eine Form gibt. Ihr Flug ist ein Balanceakt.

Gleichgewicht ist für die Verteidigung, für gesunde Beziehungen und intelligentes Schöpfertum sehr wichtig. Wenn Sie kein Gefühl für Proportionen haben, dann können Sie auch nicht darauf hoffen, sich Ihre Kraft wirklich zunutze machen zu können. Außerdem werden Sie dadurch verwundbar, und Ihrem Gegner wird Ihre Unausgeglichenheit zum Vorteil gereichen. Er wird Sie zu Boden werfen.

Bei dem Tier, das sich im Gleichgewicht befindet, ergänzen sich Yin und Yang in der Weise, daß sie eine dynamische Einheit bilden. Yang ist aktiv und direkt, kraftvoll und kontrollierend. Unter seinem Einfluß übernehmen wir für unser Leben Verantwortung und überwinden Zweifel und Unsicherheiten. Wir bewegen uns und setzen etwas in Gang. Wir definieren Grenzen und treffen Entscheidungen; wir sind einfach aktiv.

Der andere Pol ist das Yin, das Nachgiebige und Empfängliche. Hier nehmen wir innere Veränderungen vor und passen uns an Bedingungen an, die uns nicht gefallen oder die wir nicht verändern können. Wir werden wie Wasser, indem wir unsere Form und unsere Einstellung ohne Widerstand anpassen; wir lassen geschehen.

Yang ohne Yin ist gefährlich, wie auch Yin ohne Yang gefährlich ist. Bei zuviel Yin werden Sie es nicht schaffen, Ihre Ziele zu erreichen; andere Menschen und Organisationen werden über Sie hinweggehen. Bei zuviel Yang werden Sie zu aggressiv, penetrant und beherrschend. Sie werden sich zu einem Supermann, einer Superfrau, zu einer Persönlichkeit entwickeln, die in der Hierarchie ganz oben steht. Sie werden sich von Ihren Mitmenschen entfremden und sie ausnutzen.

Deshalb übt sich die Eule sowohl in den Yin- als auch den Yang-Verhaltensweisen. Als Künstlerin, die mit beiden Flügeln gleich geschickt umgehen kann, gebraucht sie den einen Flügel, um sich selbst zu schützen, und den anderen für die Umarmung. Sie ist weder diejenige, die andere schlecht behandelt, noch läßt sie es zu, schlecht behandelt zu werden; sie ist weder diejenige, die vernichtet, noch läßt sie sich vernichten. Sie sorgt für ihre eigenen Interessen und kümmert sich um ihr Territorium, ohne daß sie andere dadurch zum Opfer macht. Sie ist weder passiv noch aggressiv, sondern bestimmt. Respektieren Sie beide Seiten der Herausforderungen, denen Sie sich gegenübersehen, und streben Sie auf allen Ebenen Ausgeglichenheit an. Suchen Sie den goldenen Mittelweg zwischen Ordnung und Chaos, Freiheit und Disziplin, dem Praktischen und dem Idealen, der Bewahrung und der Erneuerung, der zweckgebundenen Aktivität und dem Reflektieren, dem Spirituellen und dem Weltlichen, dem Planen und der Improvisation, dem Gehorsam und der Unabhängigkeit, der Stärke und der Flexibilität, dem Klassischen und dem Romantischen.

Das Merkwürdige am Gleichgewicht ist, daß es zwar angestrebt werden muß, jedoch nie erreicht werden kann. Wenn alles stillstehen würde, dann wäre es relativ einfach, einen Gleichgewichtszustand zu erreichen. Wir würden einfach

Übermaß und Mangel ausmessen und sie ausgleichen. Da die Welt jedoch immer in Bewegung ist, kann das Gleichgewicht niemals vollkommen oder endgültig sein. So wie Vögel im Flug müssen auch wir uns immer neuen Bedingungen anpassen. Jeder Gleichgewichtszustand geht vorüber. Keine Struktur, kein Prozeß und keine Beziehung ist vollkommen stabil. Deshalb achtet die Eule darauf, den erforderlichen Krafteinsatz bzw. das Maßhalten den jeweiligen Bedingungen anzupassen.

Diese Kunst erfordert Feingefühl. Als Gefangene inmitten einer Vielzahl von Kräften stützen wir den Großteil unserer Handlungen auf unvollständiges Wissen und unzureichendes Verständnis. Wir wissen nicht immer, wo sich die Mitte befindet, oder ob wir überhaupt in die richtige Richtung gehen. Wenn wir aus dem Gleichgewicht geraten sind, dann könnte eine impulsive Korrektur die ganze Situation nur noch verschlimmern.

Unter diesen Bedingungen besteht die Strategie der Eule darin, kleine Korrekturen am Verlauf und der Intensität vorzunehmen. Dieser Ansatz bietet mehrere Vorteile. Wenn Sie eine große Korrektur vornehmen, dann können Sie, selbst wenn diese in die richtige Richtung gehen sollte, erheblich über das Ziel hinausschießen und noch mehr aus dem Gleichgewicht geraten, als Sie es ursprünglich waren. Beobachten Sie, wie der Anfänger nervös zwischen einer zu großen Korrektur und der nächsten hin- und herschwankt, immer auf der Jagd nach der großen Lösung, die ihm die gewünschte Sicherheit liefern soll. Zuerst wählt er den Pfad der Stärke und der unbeugsamen Kraft. Wenn ihm das mißlingt, geht er zu einem zuvorkommenderen und passiveren Verhalten über. Wenn er auch da einen Mißerfolg erntet, kehrt er – nun mit erneuter Intensität – zu seinem ursprünglichen Stil zurück. Letzten Endes ist er weder ein effektiver Falke noch eine erfolgreiche Taube. Geringfügige Korrekturen sind hingegen leichter zu kontrollieren, zu überwachen und bei weitem nicht so riskant.

In allen Fällen erreichen Sie Ihr Gleichgewicht dann am besten, wenn Sie keine Stütze zu Hilfe nehmen. Das Wesen, das sich ständig auf irgendwelche in seiner Nähe befindlichen Dinge stützt, wird niemals ein geschärftes Gespür für Gleichgewicht entwickeln können. Wenn es sich abstützt, dann richtet es seine Bewegung einseitig aus, und es verliert an Vielseitigkeit und Geschicklichkeit. Seine Stütze kann ganz unerwartet nachgeben oder von einem klugen Gegner umgestoßen werden. Bei einem plötzlichen Angriff könnte es ihm schwerfallen, sich darauf einzustellen.

Sich auf eine Stütze zu verlassen ist eine armselige Taktik, da uns durch sie wertvolles Feedback und wertvolle Erfahrungen verlorengehen. Wenn wir uns auf eine äußere Stütze verlassen, dann wird unsere Fähigkeit, das Gleichgewicht halten zu können, niemals in Frage gestellt werden. Indem der Anfänger sich die Stärke einer fremden Quelle zu eigen macht, baut er Schwäche auf und übt sich in Abhängigkeit. Je mehr er sich auf Dinge, Prozesse oder andere Menschen verläßt, desto schwächer wird er.

Die Herausforderung besteht darin, aufrecht zu stehen. Widerstehen Sie der Versuchung, sich abzustützen, besonders dann, wenn Sie unter Streß stehen oder stark herausgefordert werden. Vermeiden Sie jede erdenkliche Krücke. Streben Sie zu allen Zeiten Selbstgenügsamkeit und eine aufrechte Integration an. Natürlich gibt es hier einen optimalen Punkt. Berauben Sie sich nicht der notwendigen Ruhe, wenn Sie müde oder verletzt sind. Verwenden Sie Requisiten, wenn es angebracht ist, aber kehren Sie bei der frühestmöglichen Gelegenheit wieder in Ihren Zustand des Gleichgewichts zurück.

Gleichgewicht sollte eigentlich ein Zustand sein, der außer Frage steht, aber selbst das Streben danach kann bis ins Extrem betrieben werden. In seiner Unwissenheit und Verwirrung kann sich der Anfänger bei jeder Frage zwanghaft auf einen Kompromiß einigen. Das führt dann dazu, daß er innerhalb einer Umzäunung lebt, zwar in Sicherheit, doch ohne Leidenschaft, im Gleichgewicht, jedoch ohne Motivation. Der Mittelweg kann zu einer automatischen Gewohnheit werden, einer heimlichen Abwehrstrategie. Hier wird der Anfänger zu einem passiven Neutralisten, indem er versucht, sich in der Mitte zu verstecken, und verlautbart, jede Angelegenheit mit Mäßigung klären zu können. Die geringste Auswirkung davon ist, daß das Leben des Anfängers lau, statisch und langweilig wird. Im Gegensatz dazu birgt ein System, das ein wenig aus dem Gleichgewicht geraten ist, das Potential für große Energie und schnelle, angepaßte Bewegungen. Gleichgewicht ist eine hohe Tugend, aber sie ist nicht die einzige Tugend. Manchmal muß die Eule zu Extremen greifen. Seien Sie ausgeglichen, wenn es um das Gleichgewicht geht.

KAPITEL V

Das innere Auge trainieren

Der Geist des Generals sollte dem Fernglas eines Teleskops ähneln und genauso scharf sein.
  Napoleon Bonaparte

»Bist du ein Gott?« wurde Buddha gefragt.
»Nein.«
»Ein Engel?«
»Nein.«
»Ein Heiliger?«
»Nein.«
»Was bist du dann?«
»Ich bin erwacht.«

Verfeinern Sie Ihre Sensibilität

Zwischen Mond und Sonne zu unterscheiden, ist keine Sehprüfung; wenn man den Donnerschlag hört, ist das kein Hinweis auf ein scharfes Gehör.
  Sunzi

Wenn man es mit einem Gegner zu tun hat, ist es von außerordentlicher Bedeutung, die Dinge so zu sehen, wie sie wirklich sind. Eine überlegene Technik ist bedeutungslos, wenn man den Angriff nicht kommen sieht. Bewußtheit ist das entscheidende Element.

Die Eule ist natürlich ein Vogel von größter Sensibilität. Da sie die feinen Veränderungen in ihrer Umgebung sieht und hört, kann sie frühzeitig handeln, bevor ihre Wahlmöglichkeiten eingeschränkt sind. Da sie den wahren Charakter einer Situation erspürt, kann sie angemessen reagieren.

Im Gegensatz dazu besteht die Hauptstrategie des Anfängers darin, sich vor den gefährlichen und bedrohlichen Aspekten seiner Umgebung abzuschotten. Wenn ihn etwas verletzt, dann macht er sich mit Hilfe von psychischen und physischen Schichten, die isolieren und Stöße abdämpfen, unempfindlich. Das schützt ihn zwar vor unangenehmen Gefühlen, aber dadurch wird es für ihn auch schwierig, die feinen Abstufungen seiner Erfahrung zu spüren, zu sehen und zu hören. Was er an Schutz hinzugewinnt, wird ihm durch große Verluste seiner körperlichen Intelligenz wieder genommen.

Wenn Abwehr und Sensibilität über das optimale Maß hinausgehen, dann verkehren sie sich ins Gegenteil. Je mehr wir uns mit Hilfe von Strategien wie Abblocken, Verschanzen und Panzerung verteidigen, desto weniger werden wir über unsere Umgebung erfahren und über den Widerstand, dem wir uns gegenübersehen. Das Extrem beschwört sein Gegenteil herauf. Wenn wir durch zwanghafte Defensivhaltung unsensibel geworden sind, dann entgehen uns genau jene Informationen und jenes Wissen, die wir brauchen, um uns effektiv verteidigen zu können.

Die Eule wirkt dieser Tendenz entgegen, indem sie ihre Isolierung und ihren Panzer auf das niedrigste Niveau herunterschraubt. Dadurch, daß sie sich für ihre Umgebung und ihre Erfahrungen öffnet, nehmen ihre Sensibilität und ihr essentielles Wissen zu. Sie macht sich verwundbar, um sich sicher zu fühlen.

Die Sensibilität der Eule entwickelt sich am besten in einer Atmosphäre von Einfachheit und Kargheit. Ruhe in jeder Form ist wichtig für sie. So wie sanfte Klänge erst hörbar werden, wenn die Hintergrundgeräusche abebben, so werden auch andere Sinnesorgane in relativer Ruhe geschärft. Deshalb sucht die Eule hinsichtlich ihres sinnlichen Empfindens

– beim Sehen, Riechen, Hören und Schmecken – Ruhe, und sie sucht auch emotionale Ruhe. Suchen Sie Orte der Stille auf, in denen Sie mehr hören, mehr sehen, mehr fühlen, mehr riechen und mehr schmecken können. Hören Sie das Flüstern, fühlen Sie das mikroskopisch Kleine, und schauen Sie nach dem kaum Wahrnehmbaren.

Spielen Sie mit den Grenzen. Wie empfindlich kann eine Nervenzelle sein? Können Sie ein einzelnes Lichtquant sehen oder ein einziges Molekül Ihres Lieblingsessens riechen? Geben Sie Ihrer Feinfühligkeit Breite und Tiefe; spezialisieren Sie sich auf eine Disziplin, erspüren Sie jede noch so feine Variation, und öffnen Sie sich dann für eine allgemeinere Empfindungsvielfalt.

Der entscheidende Faktor bei der Entwicklung von Feingefühl ist Zeit. Ein ausgeprägter sinnlicher Kontakt ist notwendig, um die feineren Schattierungen der Erfahrung zu sehen, zu fühlen und zu hören. Geschwindigkeit macht uns blind, taub und gefühllos. Tatsächlich hat es der Anfänger aus ebendiesem Grunde so eilig. Er hat herausgefunden, daß er sich vor unangenehmen Gefühlen schützen kann, wenn er sich mit hoher Geschwindigkeit fortbewegt. Im Gegensatz dazu bewegt sich die Eule ganz gemächlich fort und erhält über ihre Sinne den Kontakt zu ihrer Umwelt aufrecht, selbst wenn ihr das unangenehm ist. Sie legt an Tempo zu, wenn es die Situation erfordert, aber dann verlangsamt sie es auch wieder, um über die Sinnesorgane die Verbindung wiederherzustellen. Bei diesem Prozeß sollten Sie selbst Ihr bester Freund sein; praktizieren Sie Ihre Kunst in gemächlichem Tempo.

Ein gesunder Tierkörper besitzt große Feinfühligkeit. Arbeiten Sie, sooft es Ihnen möglich ist, mit der ungezähmten physischen Realität. Nichts schärft Ihre Sinne so sehr wie eine wirklich lebensbedrohende Situation. Komfort läßt unser Sehvermögen, unser Gehör, unseren Tast- und Geschmackssinn abstumpfen. Andererseits machen uns Risiken sensibler. Wenn Sie mehr hören, mehr fühlen und mehr sehen möchten, dann sollten Sie sich neuen Situationen aussetzen.

Es ist ganz natürlich, daß Ihre Sensibilität – wie die Gezeiten und die Jahreszeiten – kommt und geht. An einigen Tagen werden Sie in der Lage sein, die feinsten Qualitätsabstufungen zu sehen und zu fühlen; an anderen bleiben Ihnen selbst die gröbsten Kontraste verborgen. Akzeptieren Sie diese Dynamik. Behandeln Sie Ihre eigene Feinfühligkeit mit Feingefühl. Wenn Sie Ihr Ziel erreicht haben, sollten Sie sich an größere Herausforderungen heranwagen. Wenn Sie für Ihre Kunst stumpf geworden sind, dann sollten Sie sich mit äußerster Vorsicht und Zurückhaltung fortbewegen.

Seien Sie phantasievoll. Können Sie den Klang weit entfernter Schritte hören? Können Sie das Glühen eines menschlichen Herzens sehen? Können Sie sehen, wie sich die Augen Ihres Partners verengen? Können Sie spüren, wie der Saft in den Bäumen fließt? Können Sie das Anschwellen des Sturms spüren? Die Bewegung der Erde? Die Ladung einer einzigen Nervenzelle? Zuerst spüren Sie nichts, doch dann wird das Schwache bald offensichtlich werden, das Feine grob und das Flüstern zu einem Brüllen. Wenn Sie dem Feinen Gehör schenken, dann werden Sie dadurch sicherer und effektiver.

Das im Blickfeld Liegende sehen

Wenn Sie sich einen einzigen Baum ansehen und dabei ein einziges Blatt betrachten, dann werden Sie all die anderen nicht sehen. Wenn ein einziges Blatt das Auge in Bann hält, dann ist es so, als ob die übrigen nicht vorhanden wären.
Takuan Soho, *The Unfettered Mind*

Trotz ihrer außergewöhnlichen Sensibilität nimmt selbst die erfahrenste Eule die Realität nicht unmittelbar wahr. Sie selektiert und filtert ihre Erfahrungen durch das Nervensystem, die Sprache und unbewußte Vermutungen. Ihr Verstand wendet sich bestimmten Dingen zu, während andere keine Beachtung finden. Selbst unter den günstigsten Voraussetzungen erhascht sie nur einen flüchtigen Blick auf das Ganze. Kein einziges Wesen kann all das, was zu sehen, zu hören oder zu fühlen ist, in sich aufnehmen.

Der Geist des Menschen schützt sich vor der Angst, indem er das Bewußtsein verengt. Wenn wir uns bedroht oder unsicher fühlen, dann engen wir unsere Aufmerksamkeit ein, um unser Bewußtsein ganz allein auf die Bedrohung zu richten. Dieser Prozeß findet unbewußt statt, so wie sich die Iris im Auge zusammenzieht, wenn das Licht heller wird. Leider ist dem Anfänger dieser Prozeß überhaupt nicht vertraut. Er nimmt an, daß er einen direkten Kontakt zur Realität hat, und deshalb ist er sich seines begrenzten Bewußtseins überhaupt nicht bewußt. Seiner eigenen Blindheit gegenüber ist er mit Blindheit geschlagen.

Bis zu einem gewissen Grad ist dieser Filterungsprozeß notwendig. Wenn unsere Aufmerksamkeit für all das, was potentiell bedrohlich sein könnte, offen wäre, dann würden wir von einer Flut von Empfindungen überwältigt werden. Wenn wir uns auf das beschränken, worauf sich unsere Aufmerksamkeit richtet, fühlen wir uns sicherer und können deshalb funktioneller handeln. Doch dieser Prozeß der eingeschränkten Aufmerksamkeit ist mit einer Kompensation verbunden, und er erlaubt es uns, uns nur bis zu einem gewissen Punkt anzupassen. Wenn wir unsere Aufmerksamkeit zu drastisch oder zu häufig verengen, dann verlieren wir den Kontakt zu unserer Umgebung und werden für wirkliche Gefahren blind.

Die erste Aufmerksamkeitsregel ist folgende: Wir sehen nicht das, worauf wir *schauen*, sondern das, was wir sehen *wollen*. Erwartung lenkt unsere Aufmerksamkeit. Wir sehen das, was wir erwarten zu sehen. Wenn Sie erwarten, ein freundliches Universum um sich herum zu sehen, dann werden Sie wahrscheinlich Mitgefühl, Altruismus und Sinn für Humor entdecken. Wenn Sie ein feindseliges Universum erwarten, dann werden Sie wahrscheinlich Gewalt, Egoismus und Hinterlist sehen. Erwartungen verzerren unsere Wahrnehmung. Vor-Sicht verzerrt die Sicht.

Die Eule löst das Problem der selektiven Wahrnehmung mit Hilfe von Unparteilichkeit. Wenn wir uns für eine bestimmte Sache nicht interessieren, dann werden wir auch nicht danach suchen, und dann wird unser Geist für alles, was passiert, offen sein. Dann gibt es bei uns keine Neigungen, keine Tendenzen und keine Vorurteile, auch nicht gegenüber Schönheit, Güte oder Vortrefflichkeit. Unparteilichkeit ist die Haltung, keine Haltung zu beziehen. Konfuzius hätte es so formuliert: »Die Eule richtet ihren Geist weder auf etwas noch gegen etwas.« Sie schaut und beobachtet die Situation mit Offenheit. Sie sucht nicht nach einer bestimmten Eigenschaft oder einem bestimmten Ereignis. Sie hat weder Vorzüge, noch verfolgt sie einen Plan. Die Eule ist einfach nur interessiert.

Der von Unparteilichkeit geprägte Geisteszustand ist vielen von uns nicht vertraut. Schließlich haben wir eine bestimmte Erziehung genossen. Unsere Lehrer haben Jahre damit zugebracht, unsere Aufmerksamkeit auf bestimmte Erfahrungen, Ereignisse und Orte zu lenken. Eine solche Unterweisung ist für das Erlangen von Fachkenntnissen hilfreich, doch sie ist etwas ganz anderes als der vorurteilsfreie Geisteszustand der Eule, des Wissenschaftlers, des Detektivs oder des Zen-Meisters.

Paradoxerweise können Erziehung und Unterricht unsere Aufmerksamkeit ebenso wirksam verzerren wie Unwissenheit. Wissen ist nicht immer ein Verbündeter. Ausbildung und Disziplin lenken unsere Aufmerksamkeit in eine bestimmte Richtung und hegen Erwartungen. Das kann zu einer Quelle werden, der sowohl Kraft als auch Begrenzung entspringen. Wenn Sie klarsehen wollen, dann müssen Sie bereit sein, nicht nur Ihre Unwissenheit, Ihre Voreingenommenheit und Ihre Vorurteile loszulassen, sondern auch Ihre wertvollsten Einsichten und Ihre mühevoll erworbenen Erkenntnisse. Um klarzusehen, müssen Sie all das zeitweilig außer Kraft setzen. Setzen Sie kein Wissen voraus. Die reife Eule muß die Offenheit des Anfängers besitzen.

Um die Dinge unparteiisch betrachten zu können, müssen Sie in der Lage sein, sich selbst zumindest zeitweilig von den Leidenschaften, Ängsten und Emotionen, die Ihre Aufmerksamkeit steuern bzw. ihr eine gewisse Färbung geben, zu lösen. Dabei können Sie natürlich auch zuviel des Guten tun: Es besteht Bedarf an ökologischer Logik. Die Eule trennt sich nicht vollkommen von ihrem Gefühlsleben ab, doch sie kann es zurückhalten, um die Dinge leidenschaftslos zu betrachten.

Schauen Sie mit intensiver und leidenschaftlicher Unparteilichkeit hin. Betrachten Sie vertraute Dinge, als ob Sie sie noch nie zuvor gesehen hätten. Achten Sie in jedem Moment auf Ihre begrenzte Bewußtheit! Gehen Sie niemals davon aus, daß Sie voll im Bilde sind. Es ist immer noch etwas mehr da. Hören Sie nicht auf hinzuschauen.

Den Blick nicht ruhen lassen

Wenn der Geist aufhört zu sein, dann ergreift der Gegner von ihm Besitz.
  Takuan Soho, *The Unfettered Mind*

Aufgrund der Kraft, die die Eule durch ihr dynamisches Bewußtsein erlangt, beherrscht sie die Kunst des Sehens meisterhaft. Indem sie ihre Aufmerksamkeit gleichmäßig und kontinuierlich weiterbewegt, verschafft sie sich ein Gesamtbild von der Situation. Sie sammelt vorurteilsfrei breitgefächerte, tiefgehende Informationen und setzt sie dann zu einem vollständigen Bild zusammen.

Zwei Fehler können uns bei diesem Prozeß des Sehens unterlaufen: Fixierung und Auslassung. Wenn wir fixieren, dann friert unsere Aufmerksamkeit bei einem einzigen Aspekt unserer Umgebung ein oder bei der jeweiligen Beziehung oder mißlichen Lage. Wenn wir etwas auslassen, dann vermeiden wir es, uns Dinge anzusehen, die wir eigentlich sehen sollten.

Fixierung und Auslassung sind zwei allgemein verbreitete Fehler in der menschlichen Aufmerksamkeit. Sie stehen in engem Verhältnis zu den gleichgearteten Verhaltensweisen der Sucht und der Ablehnung. Sucht ist Fixierung, sie ist ein Fehler in der Aufmerksamkeit. Der Anfänger, der sich auf etwas versteift, leidet an einer Form von »Mikro-Sucht«. Ablehnung ist der komplementäre Fehler. Sie ist der Schwachpunkt in unserer Aufmerksamkeit, die Stelle, vor der wir Angst haben, sie uns anzusehen. Es ist unsere Verleugnung, unsere Weigerung, uns mit einem bestimmten Aspekt unseres Dilemmas zu konfrontieren.

Unser Blick sollte idealerweise weich, methodisch und umfassend sein. Doch in Wirklichkeit lassen wir uns durch unsere Angst und unsere Wünsche ablenken. Statt unsere Umwelt ohne Vorurteile in uns aufzunehmen, wird unser Blick hart, sprunghaft und unregelmäßig. Wenn wir etwas fixieren oder etwas meiden, dann klebt unser Blick an etwas, oder er wird bruchstückhaft. An diesem Punkt wird unser zusammengesetztes Bild der Wirklichkeit ungenau, und wir werden verwundbar.

Fixierung ist besonders dann tödlich, wenn wir angegriffen werden. Im Kampf und im Leben ist es sehr wichtig, daß unser Geist im jeweiligen Augenblick präsent ist und nicht irgendwo anders festgehalten wird. Wenn jemand in unsere Richtung schlägt, dann sind wir sofort geneigt, uns auf die Bedrohung zu konzentrieren, was eine durchaus angemessene Reaktion ist. Wenn wir unsere Konzentration jedoch fixieren, dann wird der Angriff für uns zu einer Zwangsvorstellung, und wir vernachlässigen die anderen Aspekte in unserer Umgebung. Ironischerweise können wir durch eine übermäßig auf den Angriff gerichtete Aufmerksamkeit davon abgehalten werden, uns auf kreative Weise zu verteidigen.

Auslassung ist gleichermaßen gefährlich. Wenn Sie die Existenz einer vorhandenen Bedrohung leugnen, dann könnte es sein, daß Sie den Angriff verpassen und teilweise ungedeckt sind. Der Anfänger glaubt: »Was man nicht sehen kann, das verletzt einen auch nicht.« Aber genau das, was er sich nicht ansieht, wird ihm seine Niederlage bescheren.

Ein qualitativ hochwertiger Blick ist etwas Zerbrechliches. Streß, Angst und Wut engen das Blickfeld ein, und wir sehen weniger. Dadurch werden Fehler und Frustration wahrscheinlicher, wodurch die Weite des Blickes dann noch mehr eingeschränkt wird. Da unsere Sicht begrenzt ist, werden wir verwundbarer als vorher sein, und wahrscheinlich treffen wir auf noch mehr Schwierigkeiten, was unsere Bewußtheit noch weiter vermindert.

Da die Eule das erkennt, besteht ihr vorrangiges Ziel darin, den Blick nicht ruhen zu lassen. Selbst im größten Chaos sollten Sie so bewußt wie möglich bleiben. Schauen Sie um die Ecke herum und in die Schatten hinein. Selbst wenn die Probleme oder Ablenkungen wachsen, sollten Sie Ihre Aufmerksamkeit weiterhin beweglich halten. Falls Ihr Geist auf der Stelle tritt, dann bewegen Sie ihn weiter. Wenn Sie beginnen, das Klebrige und die Fixierung einer Sucht zu spüren, egal wie klein sie auch sein mag, dann kehren Sie zum weiteren Gesichtsfeld zurück. Wenn Sie bemerken, daß Sie etwas nicht bemerkt haben, dann verringern Sie Ihr Tempo, und widmen Sie ihm die notwendige Aufmerksamkeit.

Wenn Ihr Blick aufgrund von Streß oder Verwirrung unkonzentriert wird, dann sollten Sie Ihre Aufgabe vereinfachen und langsamer werden. Ignorieren Sie alle unwichtigen, trivialen Vergnügungen und Ablenkungen. Wenn die Situation Sie stärker herausfordert, dann sollten Sie Ihre Disziplin verstärken. Begrenzen Sie Ihren Blick ganz strikt auf das Wesentliche. Wenn Sie erst einmal Kontrolle über den Prozeß gewonnen haben, dann können Sie das Blickfeld Ihrer Aufmerksamkeit erweitern, doch dabei sollten Sie weiterhin prüfen. Sobald Sie anfangen, sich auf etwas zu fixieren oder etwas auszulassen, sollten sie zum Einfachen zurückkehren. Mit zunehmender Übung werden Sie lernen, Fixierung und Auslassung bereits in einem früheren Stadium zu erkennen, und dieses leichter überwinden.

Egal wie die Situation aussehen mag, in der Sie sich befinden: Lassen Sie Ihren Blick weiterhin prüfend schweifen. Beobachten Sie, wie Sie beobachten, passen Sie auf, wie Sie aufpassen. Was fällt Ihnen auf? Wie lange verweilen Sie dort? Ist es schwierig, den Blick wieder abzuwenden? Was wollen Sie sich nicht ansehen? Inwieweit sind Sie bereit, von Ihrem Weg abzugehen, um sich Dinge nicht anzusehen, die Ihnen Angst, unangenehme Gefühle oder Sorgen bereiten? Schenken Sie dem Aufmerksamkeit, dem Sie Aufmerksamkeit schenken.

Natürlich ist auch die übermäßige Aufmerksamkeit, die Sie auf Ihre Fehler beim Sehen richten, an sich schon eine Fixierung. Wenn Sie hängenbleiben sollten, versuchen Sie, nicht bei dieser Tatsache hängenzubleiben. Wenn Sie sich auf die Tatsache fixieren, daß Sie fixiert sind, dann ist das der Anfang einer besonders teuflischen Spirale. Lassen Sie sie los.

Fokus

Man muß lernen, seine Aufmerksamkeit zu lenken ... Eine Gesamtübersicht über das Brett wird allmählich aufgebaut, indem man seine Konzentration von einem Teil der Schlacht zum nächsten wandern läßt.
Nikolai Krogius, *Schach für Aufsteiger*

Eine ausgeprägte Konzentrationsfähigkeit ist unerläßlich, um in allen Aspekten des Lebens, der Kunst und des Kämpfens erfolgreich zu sein. Nur wenn Sie die verschiedenen Kräfte Ihrer Aufmerksamkeit harmonisch miteinander verbinden, können Sie erfolgreich sein. Leider ist für den Anfänger dieser Zustand schwer zu erfassen. Seine Konzentrationsfähigkeit unterliegt willkürlichen Schwankungen, und er hat nur wenig Kontrolle über diesen Prozeß. Die Eule ihrerseits verfolgt eine Methode, die auf Überlegenheit und Absicht beruht, um diesen Zustand zu kultivieren.

Fangen Sie mit Ihrer Umgebung an. Wenn möglich, sollte der Platz, an dem Sie üben, sauber, einfach und leicht zu handhaben sein; eine Insel der Ordnung inmitten einer sonst chaotischen Welt. Eine einfache Umgebung wird die Entwicklung und Verfeinerung Ihrer Sinne fördern. Seien Sie Ihr eigener Verbündeter in diesem Prozeß. Gestalten Sie Ihre Umgebung so, daß es dort so wenig Ablenkung wie möglich gibt; Details spielen dabei eine wesentliche Rolle.

Wenn Sie mit Ihrer Übung anfangen, sollten Sie nicht versuchen, sofort in einen Zustand höchster Konzentration zu gelangen. Bauen Sie Ihre Intensität allmählich auf. Halten Sie sich an ein Ritual oder eine Routine, um Ihre Aufmerksamkeit auf einen Punkt zu richten. Verbeugen Sie sich vor der Matte, schärfen Sie Ihre Werkzeuge, stimmen Sie Ihr Instrument, oder ziehen Sie sich die passende Kleidung an. Diese Vorbereitungen richten sich an das Unbewußte, und sie setzen die Transformation in Gang. Egal welche Disziplin Sie gewählt haben: Entwickeln Sie eine bestimmte Abfolge, um Ihre Konzentration aufzubauen, und halten Sie sich daran.

Wenn Sie den Übergang in den Bereich der auf einen Punkt gerichteten Konzentration einmal vollzogen haben, dann sollten Sie diesen Zustand mit so viel Reinheit wie möglich aufrechterhalten. Wenn Sie merken, daß Ihre Konzentration schwindet, dann überreden Sie sie sanft dazu, zum Ziel zurückzukehren. Wenn Sie es nicht schaffen, intensivieren Sie Ihre Bemühungen, aber nur so lange, bis Sie den optimalen Punkt erreicht haben. Wenn das zu keinem Ergebnis führt, dann sollten Sie erwägen, ganz aufzuhören. Üben Sie sich nicht darin, Fehler zu machen. Es ist besser, wenn Ihre Übungen aus kurzen Phasen höchster Konzentration bestehen als aus langen Phasen, die durch bruchstückhafte und frustrierte Bemühungen gekennzeichnet sind. Überprüfen Sie Ihre Konzentration, und respektieren Sie den Punkt, an dem sie nachzulassen beginnt.

Wenn möglich, sollten Sie sofort zum eigentlichen Kern Ihrer Aufgabe vordringen. Wenn das unmöglich ist, dann gehen

Sie indirekt heran. Schleichen Sie sich von der Seite aus an. Richten Sie Ihre Aufmerksamkeit auf einen bestimmten Punkt, und verringern Sie die Ablenkungen nach und nach. Mit Gewalt ist das Aufbauen oder Aufrechterhalten der Konzentration selten zu erreichen. Es ist weitaus besser, eher wie zufällig hineinzufallen. Stecken Sie Kraft in Ihre Bemühungen, jedoch nicht mit Hilfe eines aggressiven Willens, sondern mit Hilfe von Faszination und Engagement. Verführen Sie sich selbst dazu, Konzentration zu erlangen. Wenn Ihre Neugierde angeregt ist, dann werden Sie mit der Aufgabe verschmelzen.

Da das Ziel die reine Konzentration ist, könnten einige von Ihnen vielleicht meinen, daß bei dieser Kunst kein Raum für Ablenkungen vorhanden sei. Doch das stimmt nicht ganz. Wenn die Eule konzentriert ist, dann ist sie nicht auf das Ziel allein beschränkt. Ihre Konzentration ist zwar stark, doch behält sie ihre Flexibilität bei. Schließlich kann eine Ablenkung das Signal für eine noch zwingendere Herausforderung sein, die dann Vorrang hat; Konzentration muß anpassungsfähig sein. Da wir in einer dynamischen Umwelt leben, ist ein gewisser Grad an Ablenkung unvermeidlich und auch gesund. Selektieren Sie, soweit Sie es tun müssen, doch machen Sie sich keine allzugroßen Sorgen über Ablenkungen. Die Feinde der Konzentration sind beständig, schlau, und sie gedeihen auf dem Boden des Widerstands. Ermutigen Sie sie nicht, indem Sie ihnen Widerstand entgegensetzen – dadurch werden sie nur noch stärker werden. Lassen Sie sie kommen, und lassen Sie sie gehen. Geben Sie ihnen nicht noch mehr Macht, als sie ohnehin schon haben.

Zyklen

Das natürliche Mittel ist in dem Verhältnis zu finden, das die Nacht zum Tag einnimmt, der Winter zum Sommer, der Gedanke zur Erfahrung.
  Henry David Thoreau

Manche Menschen stellen sich die Eule als neumodische, athletische Samurai-Kämpferin vor, die ständig auf der Hut ist; als ein Wesen, das eine perfekte Haltung einnimmt, dessen Atem fließt und das über ein ständig erweitertes Bewußtsein verfügt. Sie stellen sich jemanden vor, der in einem Zustand perfekter Kampfbereitschaft lebt und immer im Hier und Jetzt ist.

Theoretisch gesehen ist die Mobilisierung, die sich von einem Augenblick auf den anderen vollziehen kann, eine zuverlässige Praxis. Schließlich ist es nicht möglich vorauszusehen, wann ein Angriff erfolgen wird. Wenn wir immer vollkommen auf der Hut wären, dann wären wir in Sicherheit. Nichtsdestotrotz verstößt die Vorstellung der ständigen Mobilmachung gegen die ökologischen Prinzipien des Rhythmus und der zyklischen Bewegung. Wenn man danach strebt, immer »eingeschaltet« zu sein, dann ist das so, als würde man versuchen, den ganzen Tag den Atem anzuhalten, oder als würde man sich wünschen, daß die Erde auf ihrem Weg um die Sonne an einer bestimmten Stelle anhielte. In der Praxis wird durch das Extrem der ständigen Mobilmachung letztlich der Weg für das Gegenteil geebnet, nämlich für Ablenkung und Zerfall.

Wie in anderen Fällen auch, so gibt es hier einen Punkt, an dem die Sache optimal funktioniert. Diesen Punkt sollten wir im Auge behalten. Selbstverständlich würden die meisten von uns davon profitieren, wenn unsere Aufmerksamkeit hinsichtlich Atmung, Haltung und Umgebung in jedem Moment präsent wäre. Die meisten von uns müßten mehr Zeit im Hier und Jetzt verbringen. Doch genauso braucht jedes Wesen

Zeit, um sich zu regenerieren und mit Ablenkungen zu spielen. Alles, was statisch ist, macht uns verwundbar. Es ist ein lohnendes Ziel, nach größerer Aufmerksamkeit und Mobilität auf der körperlichen und seelischen Ebene zu streben, doch eine ständig gerichtete Aufmerksamkeit anzustreben, ist falsch. Genauso wie der Körper braucht auch die Konzentrationsfähigkeit Ruhepausen.

Machen Sie einige wiederkehrende Rhythmen zum Bestandteil Ihrer Aufmerksamkeit und Ihres Lebensstils. Pendeln Sie zwischen Freiheit und Disziplin, zwischen Romantik und Strenge, leichtfüßiger Bewegung und gerichteter Aktivität hin und her. Verstärken Sie Ihre Aufmerksamkeit, und lassen Sie sie los, wenn sich die Bedingungen verändern. Schaffen Sie einen mobilen und dynamischen Bewußtseinszustand, den Sie über einen längeren Zeitraum aufrechterhalten können.

Seien Sie gleichzeitig vorsichtig und neugierig, wachsam und entspannt. Erhalten Sie jene Eigenschaften aufrecht, die im Kampf und im täglichen Leben nützlich sind: Wachheit, Feinfühligkeit, Ausgeglichenheit, Intensität und Integration. Suchen Sie das Maß an kämpferischem Bewußtsein und Gerichtetheit, das für Ihre Umgebung angemessen ist.

Leben Sie nach dem Yin-Yang-Zyklus der Aufmerksamkeit, doch behalten Sie Ihre kämpferischen Fähigkeiten und Fertigkeiten in Reichweite. Kommen Sie nicht zu sehr vom Hier und Jetzt ab. Selbst wenn Sie sich mitten in der Yin-Phase der Erneuerung befinden, sollten Sie darauf vorbereitet sein, einen geschmeidigen und augenblicklichen Übergang in den Zustand der »vollkommenen Wachsamkeit« zu vollziehen, wenn die Situation es erfordert. Seien Sie in dieser Hinsicht ein echtes Tier. Halten Sie Ihre Fertigkeiten und Ihre Intensität nah an der Oberfläche, so daß Sie von einem Moment auf den anderen Zugang zu ihnen haben. Es ist einfach nicht möglich vorauszusagen, wann eine Herausforderung oder ein Angriff auf Sie zukommen werden.

KAPITEL VI

Der Weg, über den man sprechen kann

Das Wesentliche vom Unwesentlichen unterscheiden

Ich kann mich nicht erinnern, Worten gegenüber nicht mißtrauisch gewesen zu sein. Ich behandle sie wie Schatten, die in einer Stadt auf einer schlecht beleuchteten Straße auf mich zukommen.
   T. E. Tucker

Der Anfänger verhält sich der Sprache gegenüber gleichgültig. Symbole verwendet er sorglos, er spuckt sie aus, als ob sie billig und ungefährlich seien. Doch in Wirklichkeit sind sie weder das eine noch das andere. Worte, die verzerren, irreführen oder dem Menschen seine Würde nehmen, sind extrem gefährlich.

Die Eule ist eine Wortkünstlerin, eine sprachliche Kriegerin. Sie schätzt die Macht der Sprache und gebraucht sie auf dieselbe Art, wie sie ein Schwert oder irgendein anderes scharfes Werkzeug benutzen würde: mit großem Respekt.

Als Hauptantriebskraft der menschlichen Intelligenz verleiht die Sprache fast allen Dimensionen unserer Erfahrungswelt eine Form. Der Semantiker Wendell Johnson hat es so ausgedrückt: »Wir sehen mit unseren Kategorien.« Worte lenken unsere Aufmerksamkeit, unsere Wahrnehmung und folglich auch unser Verhalten. Da Sprache unsere Art zu denken formt, trägt sie auch zu unserer seelischen Ökologie bei.

Sprache kann ein großer Verbündeter sein oder ein vernichtender Feind.

Die Eule betrachtet Sprache, als sei sie eine Landkarte, ein symbolischer Führer in das Gebiet, das sie gerne bereisen würde. Der Sinn und Zweck dieser sprachlichen Landkarte besteht darin, die herausragenden Merkmale des Gebietes aufzuzeigen, so daß wir unseren Weg von einem Ort zum nächsten finden können. Landkarten sind schon an sich interessant, doch das vorrangige Interesse der Eule gilt dem Gebiet, welches die Landkarte darstellen soll.

Das Hauptprinzip in der Kartographie und der Schiffahrtskunde lautet, daß die Landkarte nicht das Gebiet selbst ist; das heißt also, daß die Bezeichnung nicht die Sache selbst ist. Wenn Sie einen Gebirgszug auf einer Landkarte abbilden, dann können Sie ein Dreieck verwenden, um einen Berg darzustellen, aber dieses Dreieck ist nicht der Berg. Sie können eine Linie verwenden, um einen Fluß darzustellen, aber diese Linie ist nicht der Fluß.

Menschen verwenden Symbole, um Objekte, Prozesse und Vorstellungen darzustellen, doch die Wahl unserer Symbole ist willkürlich. Zwischen einem Symbol und der Sache, die es darstellen soll, besteht keine zwangsläufige Verbindung. Die Bedeutung liegt nicht im Symbol, sie liegt in der Person, die das Symbol verwendet. Deshalb sagt die Eule: »Worte haben keine Bedeutungen, Menschen haben Bedeutungen« und »Was auch immer eine Sache sein soll, sie ist es nicht.«

Wenn die Eule ein Gebiet überfliegt, ist sie sich immer der unvollkommenen Entsprechung zwischen Landkarte und Gebiet bewußt. Die Realität ist dynamisch, und dennoch ändert sich unser Vokabular nur langsam. Prozesse und Ereignisse finden gleichzeitig statt, und dennoch ist die Sprache linear; Worte kommen aus dem Mund eines Sprechers oder der Feder des Schreibers, und zwar eines nach dem anderen. In Wirklichkeit sind keine zwei Dinge genau gleich. Sprache ist jedoch endlich, und deshalb sind wir gezwungen, eine begrenzte Anzahl von Wörtern zu verwenden, um eine unbegrenzte Anzahl von Dingen zu beschreiben. Wenn es mißlingt, diese grundlegenden Unterscheidungen zu erkennen, dann führt das zwangsläufig zu Verwirrung und Mißverständnissen.

Der eulenhafte Navigator ist sich vollkommen bewußt, daß keine einzige Landkarte alle Eigenschaften eines Gebietes darstellen kann. Dieses Prinzip gilt für alle Gebiete des menschlichen Wissens. Der Fehler, den wir begehen, besteht darin, zu glauben, unsere persönlichen Landkarten seien vollkommen und genau. Doch tatsächlich sind sie weder das eine noch das andere. Da die Eule das weiß, zeigt sie in ihren Beziehungen Toleranz und Demut.

Alle erfahrenen Reisenden wissen, daß bei der Navigation dann die besten Ergebnisse erzielt werden, wenn eine Vielzahl von Landkarten verwendet wird, die in verschiedenen Projektionen gezeichnet worden sind. So kann die Eule ihr Wissen überprüfen, indem sie verschiedene Perspektiven verwendet und so allmählich ein immer vollkommeneres und genaueres Bild zusammensetzt.

Gebiete verändern sich. Brücken werden weggespült, Straßen umgeleitet, Gebäude werden abgerissen und neue werden gebaut. Der persönliche Raum verändert sich ebenfalls. Folglich müssen auch unsere sprachlichen Landkarten regelmäßig erneuert werden. Leider laufen viele von uns mit überholten sprachlichen Landkarten durch die Gegend und fragen sich, warum es manchmal so schwierig ist, den richtigen Weg zu finden. Kein Wunder also, daß wir frustriert sind und uns verirren.

Wenn es zwischen der Landkarte und dem Gebiet Diskrepanzen gibt, dann ist es *immer* die Landkarte, die fehlerhaft ist. Das Gebiet kann keinen Fehler machen. Wenn es einen Unterschied zwischen Ihren Worten und den Dingen gibt, die Sie beschreiben möchten, dann müssen Sie Ihre Worte entsprechend anpassen. Für die meisten von uns ist das eine äußerst schwierige Lektion. Wir erschaffen Weltkarten und verfluchen dann das Gebiet dafür, daß es vermeintlich falsch sei. Um wie vieles einfacher wäre es, wenn wir einfach nur unsere persönlichen Landkarten überprüfen würden, damit sie das Gebiet so widerspiegeln, wie es sich uns darstellt.

Vernachlässigen Sie diese Lektion nicht. Schauen Sie sich das Gebiet zu allen Zeiten an. Suchen Sie in den Menschen nach Bedeutungen und nicht in den Worten, die diese zufällig gebrauchen. Lassen Sie sich von oberflächlichen Geräuschen und Symbolen nicht ablenken. Hören Sie auf die unausgesprochenen Worte, auf den Sinn und die Absicht, die hinter den Worten, dazwischen und darum herum liegt. Bringen Sie Ihre Landkarten häufiger auf den neuesten Stand. Verändern Sie Ihre Worte, damit sie zum Gebiet passen. Werfen Sie die fehlerhaften, irrelevanten oder ungenauen Symbole hinaus, und ersetzen Sie sie durch Symbole, die eher zutreffen.

Wenn Sie die Beziehung zwischen Landkarte und Gebiet einmal verstanden haben, dann werden Sie nicht länger ein Sklave der Sprache sein. Statt Worte zu verehren oder zwanghaft auf sie zu reagieren, können Sie sich das Gebiet anschauen, das diese repräsentieren. Ihre Wahrnehmung wird sehr viel klarer, wenn Sie anfangen, das Gebiet selbst zu betrachten. Sie werden sich durch Mißverständnisse nicht mehr so schnell verletzen lassen, und Ihre Fähigkeiten werden sich auf allen Ebenen verbessern.

Lassen Sie sich von dem eulenhaften Navigator Chuang Tzu inspirieren:

Die Fischfalle existiert für den Fisch; wenn Sie den Fisch einmal gefangen haben, dann können Sie die Falle vergessen. Die Hasenfalle existiert für den Hasen; wenn Sie den Hasen gefangen haben, dann können Sie die Falle vergessen.

Sobald Sie das Gebiet kennen, können Sie die Landkarte vergessen. Wenn Sie den Sinn einmal verstanden haben, können Sie die Worte vergessen.

Achten Sie auf Ihre Metaphern

Das Schlüsselinstrument für die kreative Phantasie ist die Analogie.
  E. O. Wilson

Menschen sind den Tieren ähnlich. Wir entdecken das Unbekannte, indem wir es mit uns bereits bekannten Bildern erforschen. Wir verwenden Metaphern, um eine Bedeutung aus einem Gebiet auf eine Sache aus einem anderen Gebiet zu übertragen und schaffen Verbindungen zwischen entfernt gelegenen Punkten, indem wir die einzelnen Punkte zu einer einzigen integrierten Struktur verweben. Was wir als »Verständnis« bezeichnen, bedeutet in der Regel, daß wir eine Metapher finden, die die Verbindung zwischen dem Unbekannten und dem Bekannten herstellt.

Der Anfänger tut Metaphern als reine sprachliche Symbole ab, doch die Eule weiß es besser. Subtil und kraftvoll lenkt die Metapher unsere Aufmerksamkeit und formt unsere Weltanschauungen. Auf vielerlei Weise *ist* die Metapher die Botschaft. Wenn wir sagen, daß sich zwei Menschen im Rahmen eines »Sparring« über eine Vorstellung streiten, dann ist das eine bestimmte Sicht der Dinge. Wenn wir sagen, daß sie in einem »Brainstorming« Ideen sammeln, dann erschließt sich uns ein vollkommen anderes Bild. Wenn wir sagen, daß Handel wie »Krieg« sei, dann suchen wir nach Verhaltensweisen wie Aggression und Verteidigung. Wenn wir sagen, daß Handel wie »Angeln« sei, dann denken wir an bestimmte Fertigkeiten, an Geduld und den schwer zu fassenden »großen Fang«.

Konflikte entzünden sich oft deshalb, weil die Bilder einer Metapher nicht zusammenpassen. Wenn ich unsere Beziehung als »Ringkampf« ansehe und mein Gegenüber sie als »Walzer« sieht, dann müssen wir einfach Probleme miteinander bekommen. Wenn ich das Dilemma der Menschen als »Jeder frißt jeden« interpretiere und Sie es als »Rettungsboot« ansehen, dann werden wir wahrscheinlich hinsichtlich der

Art, wie wir am besten unsere Zukunft gestalten sollten, nicht übereinstimmen.

Deshalb stellt die Eule ihre metaphorische Umgebung in Frage. Hören Sie auf die Wortbrücken, mit deren Hilfe zwischen den verschiedenen Bereichen eine Verbindung geschaffen wird. Hören Sie auf die Metaphern, die Ihr Gegner wählt. Wenn Sie einmal entdeckt haben, welche Metaphern er bevorzugt, dann verstehen Sie seine Auffassung der Dinge. Vielleicht mögen Sie die Sinnbilder, die er verwendet, nicht, doch Sie werden zumindest in der Lage sein, mit ihm zu kommunizieren.

Akzeptieren Sie die Metaphern nicht achtlos. Streben Sie Qualität an. Durch schlechte Metaphern werden stagnierende, oberflächliche oder destruktive Assoziationen verewigt. Reichhaltige Metaphern vertiefen unsere Einsichten und decken Verbindungen auf, die zu weiteren Verbindungen führen.

Hören Sie aufmerksam zu. Eine Vielzahl von Metaphern, die in unsere Sätze verwoben sind, sind fast unsichtbar. Erkennen Sie die metaphorische Botschaft, die in »Flußbett«, »Blutkreislauf« und »Bergrücken« liegt?

Metaphern flexibel zu verwenden ist sehr wichtig, es verlangt einem aber auch viel ab. Manchmal ist es erforderlich, grundlegende, sogar drastische Veränderungen in unserer Perspektive vorzunehmen. Wenn Sie die menschliche Gesellschaft immer als »Maschine« gesehen haben oder als »aufreibenden Wettlauf«, dann könnte es schwierig sein, sie als »Organismus« oder als »Familie« zu sehen. Wenn Sie die Ehe immer als »Zweikampf« angesehen haben, bei dem es gelegentlich zum Waffenstillstand kommt, dann könnte es Ihnen schwerfallen, sie als »Tanz« anzusehen. Vielleicht müssen Sie Ihre Weltanschauung vollkommen umstrukturieren, um diese neuen Sichtweisen in sie einzufügen. Seien Sie auf diese Möglichkeit vorbereitet.

Wenn Ihnen die Metaphern, die gegenwärtig in Gebrauch sind, nicht gefallen, dann können Sie neue erfinden. Schaffen

Sie Wortbrücken zwischen zwei von Ihnen ausgewählten Gebieten. Sie müssen nicht auf der Grundlage von bestimmten Metaphern sprechen oder Ihre Umgebung durch sie wahrnehmen. Sie müssen keine Kampfmetaphern verwenden, um einen Wahlkampf, Rechtspraktiken oder die Geschäftswelt zu beschreiben. Sie können genausogut Metaphern aus den Bereichen Gartenarbeit, Angeln oder Musik entlehnen. Wählen sie Metaphern, die von zerstörerischen Zusammenstößen weg und zu gesunden Beziehungen hinführen. Entwickeln Sie ein reiches Repertoire an metaphorischer Sprache, und verwenden Sie es bewußt und flexibel.

Die Abstraktion beherrschen

Der interessante Autor, der informative Sprecher und der präzise Denker agieren auf allen Ebenen der Abstraktionsleiter, wobei sie sich schnell und anmutig von den höheren zu den niedrigeren Ebenen und von den niedrigeren zu den höheren bewegen, und ihr Geist ist dabei so geschmeidig, geschickt und schön, wie es Vögel im Fluge sind.
Adaptiert aus S. I. Hayakawa, *Sprache im Denken und Handeln*

Als Sprachkünstlerin ist die Eule sehr empfänglich für Abstraktionen, für den Prozeß, bei dem wir unsere Aufmerksamkeit vom Greifbaren zum Nichtgreifbaren hin bewegen.

Auf der untersten Abstraktionsstufe befindet sich das Materielle, Gegenstände, die wir sehen und berühren können. Hier befinden wir uns über unsere Sinne mit den Dingen, über die wir sprechen, in engem Kontakt. Auf dieser Ebene ist die Wahrscheinlichkeit einer Übereinstimmung groß. Wenn Sie über einen Felsen sprechen, dann habe ich eine ziemlich klare Vorstellung davon, worauf Sie sich beziehen. Wir haben beide mit eigenen Augen schon einmal Felsen gesehen, deshalb gibt es nicht viel, worüber wir uns streiten könnten. Falls wir uns hinsichtlich der Natur des Felsens nicht einig sein sollten, dann können wir zu einem hingehen und ihn uns anschauen.

Wenn wir jedoch über Abstraktionen auf höherer Ebene sprechen, dann haben wir es mit Dingen zu tun, die weit von unseren Sinnen entfernt sind. »Evolution« können wir nicht berühren, »Reichtum« können wir nicht schmecken. Wir können unsere Hände nicht auf »Idealismus« legen. Wir können »Erziehung« weder sehen noch riechen. Da wir diese Dinge nicht auf direktem Wege erfahren können, ist es äußerst schwierig, zu einer Übereinstimmung hinsichtlich ihrer tatsächlichen Bedeutung zu gelangen.

Abstraktionen auf hoher Ebene geben uns viel Macht, doch wie alle mächtigen Technologien ermöglichen sie es uns auch, große Fehler zu machen. Wenn man über Bäume, Ziegelsteine oder Hufeisen spricht, kann man sich nicht allzusehr irren, doch wenn man anfängt, über »Tugend«, »Spiritualität« oder »Bewußtsein« zu sprechen, kann man blitzschnell in Schwierigkeiten geraten.

Natürlich ist bei den Menschen das Bedürfnis nach Abstraktion unterschiedlich ausgeprägt. Manche mögen es, die Dinge handfest auf dem Boden zu belassen, andere ziehen es vor, in der Stratosphäre der verfeinerten Spekulation herumzufliegen. Keine dieser Ebenen ist an sich gut oder schlecht. Gut ist eine zyklische Bewegung, die vom Niedrigen zum Hohen und wieder zurück verläuft. Schlecht ist, sich zwischen dem Hohen und dem Niedrigen nicht hin- und herbewegen zu können. Abstraktionen, die auf einer einzigen Stufe verlaufen, stagnieren und sind daher leblos.

Die Eule beginnt eine Unterhaltung mit konkreten Einzelheiten, geht zu Verallgemeinerungen über und kehrt wieder zu den Einzelheiten zurück. Bleiben Sie nicht auf einer Stufe stehen; vermischen Sie sie. Wenn Sie sich in den Wolken verloren haben, kommen Sie wieder zur Erde zurück – zur faßbaren Realität. Wenn Sie der Bäume und Büsche überdrüssig sind, fahren Sie auf den Warmluftströmungen in den Himmel und suchen nach kraftvollen allgemeinen Gesetzen.

Wenn wir uns einfach nur die Zeit nehmen würden, unsere Gespräche auf dasselbe Abstraktionsniveau auszurichten, dann hätten wir es alle erheblich leichter. Die meisten Anfänger gehen damit viel zu nachlässig um. Sie werfen mit Abstraktionen um sich, so als ob jeder wissen müßte, worüber sie sprechen. Sie nehmen an, alle wüßten, was sie meinen, wenn sie »Moral«, »existentiell« oder »Werte« sagen. Indem der Anfänger diese Worte nachlässig verwendet, legt er die Saat für Konflikte.

Bringen Sie Ihre Unterhaltung auf ein niedrigeres Abstraktionsniveau. Definieren Sie Ihre Begriffe. Fragen Sie nach, was die Definitionen bedeuten, bevor Sie sich in einen Kampf stürzen. Wenn sich ein Streit entzündet, suchen Sie nach dem Begriff, der das Ganze in Gang gebracht hat, der »eigentlichen Sache«, über die gestritten wird. Wenn Sie das Abstraktionsniveau niedrig genug halten können, dann sollten alle Seiten schließlich in der Lage sein, irgendeine Übereinstimmung zu erzielen. Wenn Sie diesen Punkt einmal erreicht haben, dann können Sie es wagen, in höhere Ebenen der Spekulation vorzudringen, und vielleicht ein fruchtbareres Gespräch in Gang setzen.

Das Gespräch in Gang halten

Eine Diskussion ist ein Austausch von Wissen; ein Streit ein Austausch von Unwissen.
  Robert Quillen

Einer der direktesten Wege zu einer gesunden Beziehung ist das Gespräch. Es handelt sich dabei um eine bestimmte Form von Gespräch, das aus einem einzigartigen Geist heraus stattfindet. Das Ziel besteht darin, die Intelligenz zu erweitern, die Vorstellungen zu verfeinern, neues Wissen zu entdecken und neue Möglichkeiten zu schaffen.

Ein Gespräch ist keine Diskussion. Eine Diskussion ist ein

intellektueller Wettkampf zwischen gegensätzlichen Standpunkten, wobei sich die Sichtweisen diametral gegenüberstehen; das Thema wird von zwei extremen Polen aus betrachtet. Deshalb ist die Atmosphäre, in der eine Diskussion stattfindet, feindselig und kampflustig. Das Ziel ist natürlich der Sieg.

Eine Diskussion kann eine nützliche Übung sein, doch als Mittel zur Entwicklung gesunder Beziehungen oder zur Lösung von Konflikten versagt sie völlig. Da sie absichtlich in Schwarzweißkategorien verläuft, werden Konflikte durch sie verstärkt und ein Gespräch über Alternativen, die zwischen den beiden Extremen liegen oder darüber hinausgehen, kann sich nicht entfalten. Bei einer Diskussion werden die Positionen erhärtet, die ansonsten vielleicht flexibler hätten sein können, und das Ganze endet häufig in einer Sackgasse.

In einer Diskussion erwartet man von den Teilnehmern, daß sie ihre Position voranbringen und sie verteidigen. Veränderungen in der Sichtweise werden als Schwäche angesehen; die Person, die nachgibt, wird als schlechter Diskussionsteilnehmer angesehen. Genau darin liegt das Problem. In einem menschlichen Lern- oder Erziehungsprozeß ist das Ändern und Verfeinern seiner Ansichten das Wesen der Intelligenz. In einer Diskussion hingegen werden die Mitspieler dazu aufgefordert, ihre Ansichten zu fixieren und sie vor einer Überprüfung zu schützen. In diesem Sinne fördern Diskussionen intellektuelle Härte, Dogmen und gesellschaftliches Chaos.

Im Gegensatz dazu zeichnet sich das Gespräch durch die Bereitschaft aus, irrige Ideen und falsche Vorstellungen auszusortieren. Jede Seite kann ihre Ansichten überprüfen oder die der anderen Seite annehmen. Ein Gespräch ist deshalb ein kreativer, sich weiterentwickelnder Prozeß. Ein gut geführtes Gespräch kann eine Synthese von Vorstellungen hervorbringen, bei der das Ganze größer als die Summe seiner Teile ist. Es kann eine vorsichtige Schlußfolgerung erreicht werden, nach der man handelt, doch das Gespräch kann grundsätzlich immer weitergehen und zu jedem Zeitpunkt wieder neu aufgenommen werden.

Ein Gespräch beginnt mit der Fähigkeit des Zuhörens. Der Anfänger denkt, daß er das alles schon weiß, aber wenn er seinem Geist wirklich Aufmerksamkeit schenkte, dann würde er entdecken, daß er kaum zuhört. Statt dessen bereitet er seine Gedanken schon für den Moment vor, wenn sein Gesprächspartner aufhört zu reden. Sobald dieser eine Atempause einlegt, ergreift der Anfänger die Gelegenheit und legt seinen eigenen Standpunkt dar. Wenn zwei Anfänger miteinander sprechen, ist das Ergebnis ein zweifacher Monolog.

Im Gegensatz dazu ist der zuhörende Geist der Eule offen, nachgiebig und empfänglich; er ist im Yin-Zustand. Räumen Sie Ihren Geist von zufälligen Gedanken und Geräuschen frei, die sich Ihrem Verständnis nur entgegenstellen würden. Verzichten Sie auf eine bestimmte Einstellung. Gönnen Sie Ihrer Kritik und Ihrem Urteilsvermögen eine Pause, selbst wenn das, was Ihr Gesprächspartner sagt, auf Fehlinformationen beruhender Quatsch sein sollte. Hören Sie ihm vom Ort der vollkommenen Unwissenheit aus zu, und glauben Sie niemals, daß Sie überhaupt irgend etwas wüßten.

Wenn der Anfänger »zuhört«, dann reagiert er. Er betrachtet den Redner, überlegt sich, ob er ihn mag oder nicht, und auf dieser Basis bewertet er seine Aussagen. Wenn er zufällig das Aussehen, die Weltanschauung oder die Einstellung des Sprechers mag, dann akzeptiert er, was immer der Redner von sich gibt. Wenn er aber sein Äußeres, seine Weltanschauung oder seine Einstellung nicht mag, dann lehnt er seine Aussagen ab. Sein Verstand unterscheidet nicht zwischen der Botschaft und demjenigen, der die Botschaft übermittelt.

Die Eule ist in der Kunst des Zuhörens erfahrener. Sicherlich beobachtet sie den Sprecher, doch sie wertet seine Aussagen losgelöst von ihm. Sie kann den Sprecher akzeptieren, aber seine Aussagen ablehnen, oder sie kann den Sprecher ablehnen, aber seine Aussagen akzeptieren. Die Eule läßt sich nicht von rein äußerlichen Dingen überfahren, und sie läßt auch nicht zu, daß Vorlieben oder Abneigungen ihren Verstand blockieren. Ihr Ziel ist die Intelligenz. Sie sucht kreative Ideen, und ihr ist es relativ egal, woher diese stammen. Ihr schlimmster Feind könnte – und oft ist das auch so – die Quelle für kreative Inspiration sein. Deshalb heißt sie die Botschaft an sich willkommen.

Wenn die Eule einmal aufmerksam zugehört hat, dann überprüft sie ihre Ansichten. Leider lassen viele von uns diesen Schritt vollkommen aus, wenn wir losrennen, um unsere Meinungen herauszuposaunen, und dann nimmt die Qualität des Gesprächs ab, und es endet in Verwirrung, Unsinn oder Wut. Wenn Sie daran zweifeln, daß Sie alles richtig verstehen, dann sollten Sie den Fluß des Gesprächs anhalten und nach größerer Klarheit suchen. Verleihen Sie Ihrem Anliegen Nachdruck. Lassen Sie Ihren Gesprächspartner seine Botschaft noch einmal wiederholen, und versuchen Sie, diese eindeutig zu verstehen. Stellen Sie dumme Fragen. Bauen Sie kein Gesprächsschloß auf sandigem Boden auf. Der Anfänger glaubt, daß er, wenn er um Klarheit bittet, dumm dastehen könnte, doch eigentlich ist das eine Handlung, hinter der sich Respekt und Intelligenz verbergen.

Natürlich gehört zu einem Gespräch mehr als nur Zuhören und Reden. Der Anfänger fühlt sich dazu verpflichtet, seine Zunge in Bewegung zu halten, doch die Eule steht nicht unter einem solchen Zwang. Sie genießt den Raum zwischen den Worten. Schweigen kann bei einem Gespräch ein Echo entstehen lassen, es fördert den Verstehensprozeß und zähmt den Impuls zu reagieren. Schweigen kann auch eine effektive Form des passiven Widerstandes sein, ein Yin-Schlag. Der Anfänger verbindet mit Schweigen Schwäche und Niederlage, doch die Eule kennt die Kraft des Schweigens. Wie kann ein Diskussionsteilnehmer Ihre Position angreifen, wenn Sie nichts sagen? In vielen Fällen entsteht Macht nicht durch das, was Sie sagen, sondern durch das Schweigen, das Sie an den

Tag legen. Gebrauchen Sie Ihr Schweigen wie eine zweite Sprache.

Ein Gespräch ist ein empfindlicher Prozeß, der jeden Augenblick in die Irre gehen kann. Emotionen flammen auf, oder Sie verlieren sich in Verwirrung oder im Nachdenken über das Gesagte. Oder aber Sie nehmen eine Verteidigungsposition ein und versuchen, Ihre Vorstellungen vor Angriffen zu schützen. Bleiben Sie immer im Fluß. Der Schlüssel liegt im Geist der Zusammenarbeit, in der gemeinsamen Suche. Selbst wenn Sie es nur für ein paar Augenblicke schaffen, das Gespräch zu führen, so werden Sie Ihre Beziehung dadurch gestärkt und Ihr Verständnis erweitert haben. Wenn Sie feststellen, daß das Gespräch an Qualität verliert, sollten Sie eine Pause einlegen und es dann noch einmal versuchen. Wenn ein Diskussionsteilnehmer Ihre Position angreift, werten Sie den Angriff als irrelevant, und setzen Sie Ihre Suche nach der Wahrheit und nach neuen Einsichten fort. Seien Sie beharrlich. Der Geist des Gesprächs hat oft ansteckende Wirkung.

KAPITEL VII

Den inneren Bund schmieden

Integrieren

Wenn ich meine Kraft konzentriere, während er sie teilt, dann kann ich meine gesamte Kraft nutzen, um einen Bruchteil von ihm anzugreifen.
    Sunzi

Es gibt ein überlegenes Prinzip, das für Kämpfe und die Bewältigung von Konflikten gilt und das jede strebsame Eule kennen muß: Wenn alle anderen Voraussetzungen gleich sind, dann wird die Seite, die in sich größere Einigkeit aufweist, gewinnen. Dieses Prinzip gilt auf allen Ebenen, von Wortgefechten bis hin zu weitreichenden Auseinandersetzungen auf dem Schlachtfeld. Je mehr »eins« Sie sind, um so bessere Chancen haben Sie, effektive Leistungen zu erbringen. Integration trägt zum Sieg bei, Desintegration zur Niederlage.

Von diesem allgemeinen Prinzip ausgehend, ist es das oberste Ziel der Eule, ihre Kräfte zu einer einzigen synchronisierten Einheit zu verschweißen. Auf dieser Ebene praktiziert die Eule ein Yoga, bei dem ihre Kräfte zu einem körperlichen, geistigen und spirituellen Ganzen verbunden werden.

In der Kampfkunst ist das ein nach innen gerichteter Ansatz. Die Aufmerksamkeit richtet sich auf das Selbst und nicht auf den Gegner. In ihrem Streben nach Integration schenkt die Eule ihrem eigenen Geist, ihrer eigenen Haltung und ihrem eigenen Verhalten Aufmerksamkeit. Der Gegner ist auf signifikante Weise unbedeutend.

Man sollte immer für persönliche Integrität sorgen, bevor man nach außen hin aktiv wird. Auch wenn das schwer zu glauben ist, so tun dennoch viele Anfänger genau das Gegenteil. Statt auf inneren Zusammenhalt Wert zu legen, greifen sie voller Impulsivität an. Das ist jedoch grundlegend falsch. Indem der Anfänger seine Handlungen nach außen richtet, ohne vorher für Integration – die als Grundlage dienen soll – gesorgt zu haben, nutzt er nur einen Bruchteil seiner Stärke und ist deshalb äußerst verletzlich. Die Eule hingegen intensiviert ihre persönliche und körperliche Integration. Sie läßt nicht zu, daß ihr Gegner sie von ihren Bemühungen um Integration ablenkt.

Statt durchzudrehen, wenn die Belastung zunimmt, macht sich die Eule die Dissonanz des Konfliktes zunutze, um ihre Integration in einem noch höheren Maß zu intensivieren. Bei diesem Ansatz erfolgt eine Reaktion, die der Intuition entgegengesetzt ist. Wenn eine Beziehung doppeldeutig wird oder das Gemüt eines Gegners sich erhitzt, dann wenden Sie Ihren Geist in die umgekehrte Richtung. Nutzen Sie den Streß als paradoxen Stimulus für Ihre eigene Integration. Nutzen Sie den Druck des Konfliktes, um Ihren Geist und Ihren Körper zusammenzubringen. Wenn Ihr Gegner seine Stimme erhebt, losschreit oder Sie bedroht, dann ändern Sie Ihren momentanen psychischen Zustand, und verstärken Sie Ihre Integration.

Passen Sie Ihre Haltung an. Achten Sie auf Ihren Atem. Konzentrieren Sie sich auf Ihre Ziele. Ihre expliziten Ziele werden Ihnen helfen, die vielen unterschiedlichen Aspekte Ihrer Persönlichkeit zu einem Ganzen zusammenzubringen.

Regen Sie Ihre Phantasie durch Bilder der Integration an. Stellen Sie sich einen Kreis, eine Kugel oder eine Galaxie mit starken zentripetalen Kräften vor. Regen Sie die anziehenden Kräfte in sich an. Ihr Gegner kann sein Bestes geben, aber seine Schläge werden unwirksam sein. Je heftiger sein Angriff ist, um so stärker einen Sie Ihre Kräfte in sich.

Fördern Sie Ihre Integration, indem Sie auf die Details des

täglichen Lebens achten. Machen Sie Integration zu Ihrer Gewohnheit. Lassen Sie nicht zu, daß Ihre Aufmerksamkeit in eine Vielzahl unterschiedlicher Wege zersplittert, durch die Sie in unterschiedliche Richtungen gezogen werden. Wann immer es möglich ist, beschränken Sie sich darauf, jeweils nur ein einziges Ding zu tun. Wenn Sie gehen, gehen Sie. Wenn Sie lesen, lesen Sie. Wenn Sie essen, essen Sie. Die Fähigkeit, verschiedene Aufgaben gleichzeitig ausführen zu können, ist eindrucksvoll und manchmal auch nützlich, aber es liegt eine große Kraft darin, eine einzige Aufgabe zum Abschluß zu bringen. Je öfter Sie ein Gefühl von Integration in Ihrem Leben schaffen, um so leichter wird es sein, sich, falls notwendig, in sie hineinfallen zu lassen.

Wenn Ihre persönliche Integration nicht zu Ihrer Verteidigung ausreicht oder dazu, einen Konflikt zu lösen, dann können Sie versuchen, die Kräfte des Gegners zu spalten. Das ist ein fortgeschrittener Ansatz, der eher für Krisensituationen geeignet ist. Bei diesem Ansatz suchen Sie nach den Schwächen Ihres Gegners und nutzen sie so gründlich wie möglich aus. Finden Sie eine ungeschützte Stelle, und treiben Sie einen Keil hinein.

Behalten Sie jedoch in jedem Fall Ihre Integration bei. Denken Sie daran, daß Sie, wenn Sie auf einen Gegner einschlagen, unweigerlich ungeschützte Stellen in Ihren eigenen Kräftereservoirs schaffen. Verlassen Sie sich nicht allzusehr auf äußeres Handeln; das Extrem kann sich in sein Gegenteil verkehren. Wenn Ihnen Ihre Instinkte sagen, daß die Gefahr zunimmt oder daß Sie verwundbar sind, dann ziehen Sie sich zurück, und stellen Sie Ihre Integration wieder her. Wenn Sie im Zweifel sind, dann sorgen Sie für Integration.

Das Angsttier umarmen

*Der Mensch, der aufgehört hat, Angst zu haben, hat aufgehört, An-
teil zu nehmen.*
   F. H. Bradley

Ein guter Schrecken ist mehr wert als ein guter Rat.
   Edgar Watson Howe

Angst ist einer der großen kybernetischen Regelmechanis-
men. In kleinen Dosen hilft sie, die Aufmerksamkeit auf einen
Punkt zu richten und den Körper auf das Handeln vorzuberei-
ten. Sie warnt uns vor möglichen Gefahren und hält uns so
am Leben. Wenn die Angst jedoch zu groß wird, dann wird
sie toxisch und vergiftet das gesamte körperliche und seeli-
sche Ökosystem. Sie läßt unsere Intelligenz dahinschwinden,
sie zersplittert unsere Aufmerksamkeit, sie zerstört unsere
Vernunft und gefährdet unser Gleichgewicht. Wenn wir von
Angst ergriffen werden, dann fallen wir in starre Reaktions-
muster und in das dualistische Denken zurück.

Der Anfänger, der mit dem Tier der Angst nicht vertraut ist
und sich davon einschüchtern läßt, strebt eine angstfreie Existenz an; er versucht die Angst zu beherrschen, sie auszutrei-
ben oder vor ihr wegzurennen. Die Angst wird zu einem weiteren Gegner, und sein Geist trennt sich von seinem Körper
ab. Dadurch, daß er sich der Angst entgegenstellt, hört er die
lebenswichtigen Botschaften, die ihn vor potentiellen Gefahren warnen, nicht. Er verliert seine Sensibilität.

Für die Eule hingegen ist Angst ein willkommener und un-
erläßlicher Verbündeter. Angst spricht durch die Intuition ihres tiefsten Inneren und warnt sie im voraus vor möglichen
Gefahren. So werden ihr Geist und ihr Körper integriert, und
ihre Gesamtleistung verbessert sich dramatisch.

Es gibt zwei mögliche Irrtümer, denen Sie anheimfallen
können, wenn Sie Ihrer Angst begegnen. Der erste besteht
darin, vor Situationen, Menschen oder Dingen Angst zu ha-

ben, die nicht wirklich gefährlich sind. Das ist eine Fehleinschätzung der Realität und eine Verschwendung wertvoller psychischer Energie. Wenn Sie sich auf vermeintliche Gefahren und illusorische Herausforderungen fixieren, dann entgehen Ihnen gleichzeitig reale Gefahren und Chancen, und das macht Sie verwundbar und ineffektiv. Dadurch, daß Sie vor dem falschen Menschen oder der falschen Situation Angst haben, werden Ihre Beziehungen verzerrt. Ihre fehlgeleitete Angst kann sogar die Art von Verhalten einladen, vor der Sie von Anfang an Angst hatten. Nichts führt so schnell und so unmißverständlich zu Konflikten wie Verfolgungswahn. Wenn Sie schon Angst vor etwas haben, dann soll es wenigstens etwas sein, das wirklich gefährlich ist.

Der zweite Irrtum besteht darin, vor realen Gefahren *keine* Angst zu haben. Es ist ganz offensichtlich, daß dieses Versäumnis große Risiken birgt und daß Sie fast unweigerlich in Unfälle und Verletzungen hineinstolpern werden. Derartige Vorfälle werden Ihnen willkürlich und als nicht von Ihnen provoziert erscheinen, während Sie in Wirklichkeit das Ergebnis Ihres Versäumnisses sind, die bestehende Gefahr wahrzunehmen.

Die Lösung liegt in der Kongruenz. Schärfen Sie Ihre Angst durch Beobachtung und Studium. Untersuchen Sie Ihr Problem eingehender. Wie gefährlich *sind* Bären überhaupt? Wie groß ist die Möglichkeit, von einem Blitzschlag getroffen zu werden? Wie hoch ist das Risiko, daß Sie Ihren Job verlieren oder nicht mehr konkurrenzfähig sind? Woran sterben Menschen eigentlich? Sollten Sie mehr Angst vor einem zufälligen Raub auf der Straße oder vor häuslicher Gewalt haben? Halten Sie nach den eigentlichen Risiken Ausschau. Gründen Sie Ihre Ängste auf reale Herausforderungen, reale Bedrohungen, reale Möglichkeiten. Stimmen Sie Ihre Angst fein ab, so daß sie der Realität entspricht; verleihen Sie Ihrer Angst Bedeutung. Haben Sie vor den richtigen Dingen zur richtigen Zeit und im richtigen Maße Angst.

Indem Sie in Ihrer Disziplin auf Leistung trainieren, fordern

Sie sich Stück für Stück heraus und geben Ihrem Körper und Ihrem Geist Zeit, sich anzupassen; sehen Sie Ihre Angst aus der Distanz. Der Schlüssel besteht darin, allmählich hineinzutauchen. Machen Sie sich mit dem Prozeß in kleinen Schritten vertraut; finden Sie heraus, wo Ihre Fähigkeiten liegen, und lernen Sie, was Ihr Angsttier auslöst.

Wie in anderen Fällen, so bedeutet Vorsorge auch hier Macht. Lassen Sie sich von vornherein nicht von der positiven Feedbackspirale eskalierender Angst vereinnahmen. Denken Sie daran, weiter zu atmen. Hören Sie auf das erste Flüstern der Angst, die Sie vor drohender Gefahr warnt; warten Sie nicht darauf, daß sie zu schreien beginnt. Denn dann wird es zu spät sein.

Vertrauen Sie Ihren Instinkten

Kontrolle bedeutet eine Einschränkung der Bewegung, und da vollständige Kontrolle einer vollständigen Einschränkung gleichkommen würde, muß sich die Kontrolle immer der Bewegung unterordnen, wenn überhaupt Bewegung da sein soll.
Alan Watts, *The Book*

Wenn der Anfänger vor einer schwierigen Entscheidung steht, dann hat er oft eine dunkle Vorahnung, ein nagendes Gefühl tief drinnen im Körper, das ihm sagt, was er sagen oder tun soll. Leider ist er so sehr mit dem Abwägen beschäftigt, daß er vergißt zuzuhören. Aus der Überzeugung heraus, daß sein bewußter Verstand sein bester und einziger Verbündeter sei, analysiert er, sorgt sich und überprüft jeden Aspekt seiner mißlichen Lage, bevor er dann seine Entscheidung aufgrund dessen trifft, was er als sorgfältig erwogenen Grund ansieht. Wenn sich dann später seine Entscheidung als vollkommen falsch erweist, dann flucht er und beißt voller Frustration die Zähne zusammen.

Die Eule hat ebenfalls diese Erfahrung gemacht, aber sie

hat daraus eine Lektion abgeleitet. Anstatt die Weisheit in der Tiefe ihres Körpers zu ignorieren, hört sie aufmerksam zu und pflegt eine harmonische, gesunde Beziehung zu ihr.

Diese vertrauensvolle Beziehung ist bei Begegnungen, die mit viel Streß verbunden sind, lebenswichtig, besonders wenn Sie sich in einem Nahkampf verteidigen müssen. In solchen Situationen hat der bewußte Verstand keine Zeit einzugreifen. Bis wir daran gedacht haben, eine Blockade zu errichten oder loszuschlagen, ist die Gelegenheit zum entschiedenen Handeln bereits vorbei. Glücklicherweise ist der Körper häufig schlauer als wir und weiß genau, was er zu tun hat.

Die Eule sieht einen enormen Vorteil darin, der Tiefe Ihres Körpers zu lauschen. Der Kern unseres Körpers steht in engem Kontakt zu unserem evolutionären Erbe und dem gesamten Leben auf der Erde. Er ist äußerst sensibel in bezug auf das Überleben und die Selbsterhaltung. Er spricht die Sprache des nonverbalen Universums und vermittelt uns den Zugang zu ozeanischer Einsicht und einer breitgefächerten Intelligenz. In vielen Fällen weiß das tiefe Innere des Körpers, wann man zurückweisen und wann man nachgeben muß; wann man gegen eine Sache vorgehen muß und wann man mit einer Sache gehen muß.

Der bewußte rationale Verstand ist eindrucksvoll in seiner Fähigkeit, Symbole zu kategorisieren und zu manipulieren, aber er macht dennoch nur einen Bruchteil unserer gesamten Macht und Kraft aus. Sich ausschließlich auf unseren bewußten Verstand zu verlassen ist so, als würde man nur einen seiner beiden Arme benutzen, um damit in der Welt zu sein. Es ist besser, den gesamten Körper für integrierte Bewegungen und integriertes Handeln zu nutzen.

Das tiefe Innere des Körpers ist wie ein Wunderkind, das Führung braucht, um seiner Kraft Gestalt zu verleihen. So beginnt die Eule mit Disziplin, und sie gibt bewußt Stück für Stück ihre bewußte Kontrolle auf, wenn ihre Fähigkeiten zunehmen. Beginnen Sie Ihre Praxis mit der perfekten Form, der richtigen Reihenfolge und methodischer Durchführung. Lassen Sie Ihr Tempo, in dem Sie üben, nie so schnell werden, daß Sie nicht mehr zögern oder Fehler begehen können. Sobald Sie erst einmal auf dieser Ebene Kompetenz erreicht haben, entspannen Sie Ihren bewußten Zugriff ein wenig, und erlauben Sie es Ihrem tiefen Inneren, die Lücke zu füllen. Geben Sie spiralförmig die Kontrolle auf, immer ein Stück mehr.

Wenn Ihre Disziplin zu Anfang starr ist und dann allmählich ein schrittweiser Rückzug erfolgt, dann wird Ihr tiefes Inneres schließlich in der Lage sein, einen immer größer werdenden Teil der von Ihnen angestrebten Leistung zu übernehmen. Das wird Ihnen helfen, Ihre Fähigkeiten beträchtlich zu erweitern. Wenn Sie dann zunehmend geschickter werden, werden Sie in der Lage sein, Ihrem tiefen Inneren mehr Einfluß, unter anderem in Ihrem Verhalten, zuzugestehen.

Üben Sie diese Anpassung häufig. Verstärken Sie Ihre Kontrolle bewußt bis zu einem gewissen Grad, und lassen Sie sie dann ebenso bewußt wieder los. Reagieren Sie nicht, wenn Sie vor einer schwierigen Situation oder einer schwer zu treffenden Entscheidung stehen, sondern hören Sie den ersten Impulsen und Worten zu, die aus Ihrem tiefen Inneren dringen. Sie müssen nicht sofort diesen Impulsen folgen, und auch nicht, ohne sie in Frage gestellt zu haben, aber nehmen Sie sie wahr. Erkennen Sie Ihre Existenz an.

Das tiefe Innere ist natürlich nicht unfehlbar, und es wird Zeiten geben, in denen Sie in die falsche Richtung geführt werden, wenn Sie auf Ihre Instinkte hören. Es ist jedoch eine Gelegenheit, die Sie ergreifen müssen. Denn die Weigerung, auf Ihr tiefes Inneres zu hören, wird zu noch gravierenderen Irrtümern führen bzw. im besten Falle zu unterdrücktem und stagnierendem innerem Lärm und innerer Anspannung. Wenn Sie Ihrem tiefen Inneren eine Chance geben, sich auszudrücken, dann wird seine Stimme schwächer werden und weniger bestimmt. Oder Ihre bewußte Rationalität und Ihre Fähigkeit, klar zu denken, werden untergraben.

Natürlich tut die Eule weder ihre intellektuellen Fähigkeiten vollkommen ab, noch versucht sie, sich ausschließlich auf ihr tiefes Inneres zu verlassen. Es gibt einen Unterschied zwischen dem Lauschen auf das tiefe Innere und dem Tun, das sich zu dieser Zeit gut anfühlt. Der Anfänger kann seinem tiefen Inneren nicht trauen, weil er keine Übung und keine Erfahrung darin hat, seine bewußte Kontrolle anzupassen; die meisten seiner ungeübten Impulse führen lediglich zu sofortiger Befriedigung. Die Eule kann ihren Instinkten vertrauen, weil die Weisheit ihres tiefen Inneren aus disziplinierter Übung erwachsen ist.

Lassen Sie sich nicht irreführen. Der bewußte Verstand dient einer vollkommen nützlichen und tauglichen Überlebensfunktion. Gehen Sie von einem integrierten Ansatz aus. Am Anfang muß Disziplin die Form von Kontrolle annehmen, aber wenn die Beziehung heranreift, wird sie zu einem Dialog, in dem jeder Aspekt Gehör und Beachtung findet.

Tun Sie, was Sie tun können, mit Bewußtheit; berechnen Sie, argumentieren Sie und analysieren Sie. Wenn diese Ressource sich dann erschöpft, lehnen Sie sich zurück, und geben Sie sich dem Unbewußten und der irrationalen Kraft Ihres tiefen Inneren hin. Hören Sie auf seine Meinungen, und vertrauen Sie ihm.

Der Dunkelheit ihren Platz geben

Es liegt eine Schizophrenie in uns allen. Es gibt Zeiten, in denen wir alle wissen, daß es da irgendwo einen Mr. Hyde und einen Dr. Jekyll in uns gibt.
  Martin Luther King, Jr.

Für viele von uns liegt der Konflikt, der uns am meisten herausfordert, nicht bei irgendeinem äußeren Gegner, sondern in dem dunklen »Anderen« in uns selbst. Am liebsten würden wir diese Beziehung funktional, kreativ und ganzheitlich gestalten. Wie Gregory Bateson gesagt hat, suchen wir »eine Ökologie des Geistes«.

Wenn wir dies erkennen, dann ist unser Ziel außerordentlich paradox. Auf der einen Seite suchen wir Einheit, Ganzheit und Integration. Gleichzeitig müssen wir den ökologischen Wert von Opposition und Widerstand ehren. Ohne irgendeine innere Spannung hätten wir keine psychische Energie, keine Motivation, keine Kreativität in uns. Ein vollkommen harmonisches inneres Umfeld wäre statisch und steril. Natürlich kann übermäßige Opposition auch von weniger großem Vorteil sein und letztendlich eine Niederlage herbeiführen. Die Kunst besteht also darin, die optimale Ebene an seelischer und spiritueller Opposition zu finden. Die richtige Dosis macht's.

Der Idealzustand besteht sowohl aus Opposition als auch aus Harmonie. Die Eule, die das im Hinterkopf hat, stellt sich den inneren »Anderen« als natürlichen Feind vor. Dieser gegnerische »Andere« liefert den notwendigen psychischen Widerstand, um Wachstum und Kreativität anzuregen, aber nur im Dienste des Systems als Ganzem. In diesem Sinne ist der innere »Andere« ein Verbündeter, auch wenn er sich in Opposition befindet.

Stellen Sie sich den inneren »Anderen« als talentierten, gutmütigen Sparring-Partner vor, als einen kreativen Menschen, der Ihnen hilft, aufmerksam und aufrichtig zu bleiben. Carl Gustav Jung hat die ideale Beziehung folgendermaßen beschrieben:

Das Bewußte und das Unbewußte werden nicht zu einem Ganzen, wenn eines von ihnen unterdrückt und durch das andere verletzt wird. Wenn sie miteinander kämpfen müssen, dann lassen Sie es zumindest einen fairen Kampf mit gleichen Rechten auf beiden Seiten sein. Das Bewußtsein sollte seine Begründungen verteidigen und sich schützen, und dem chaotischen Leben des Unterbewußten sollte ebenfalls die Möglichkeit gegeben werden, sich zum Ausdruck zu bringen – in dem Maße, wie wir es aushalten können. Das bedeutet, zur gleichen Zeit offenen Konflikt und offene Zusammenarbeit zu pflegen.

Die Dynamik interner Beziehungen entspricht der direkten Begegnung an der Schwingtür. Wenn Sie Druck mit Druck begegnen, dann setzen Sie eine symmetrische, auf Gegnerschaft beruhende Beziehung in Gang. Ihre Versuche, den inneren »Anderen« zu unterdrücken, ihn in seine Schranken zu weisen, festzunageln oder sonst irgendwie zum Schweigen zu bringen, werden wahrscheinlich fehlschlagen.

Die bessere Strategie besteht darin, der Herausforderung des inneren »Anderen« zu begegnen. Hier gibt die Eule dem Druck nach und gesteht dem inneren »Anderen« seinen ihm gemäßen Ausdruck zu. Auf diese Weise vermeidet sie es, durch symmetrische Eskalation Macht aufzubauen.

Natürlich überläßt die Eule dem inneren »Anderen« nicht die Entscheidung, in welchem Maße er Druck ausüben möchte. Sie läßt auch nicht zu, daß sie zum Opfer gemacht wird. Sie behauptet ihre Macht und ihre Interessen genauso, wie sie es in irgendeiner anderen Beziehung tun würde. Sie setzt Grenzen, aber sie gibt auf intelligente Weise nach, um dem Schatten die Chance zu geben, sich auszudrücken.

C. G. Jung hat den inneren »Anderen« »den Schatten« genannt, eine mächtige psychische Kraft, die gleichzeitig die Quelle unserer Impulse ist, die uns am meisten Angst machen und die die größte Kreativität haben. Der Anfänger fühlt sich natürlich mit seinen grundlegenden Trieben und Motiven unwohl. Wenn sein Schatten das Verlangen hat, den Mond anzuheulen oder einen Verwandten oder Kollegen anzugreifen, dann besteht sein erster Impuls darin, all das in die Tiefen des Unbewußten zurückzudrängen. Wenn man ihn je nach solchen Impulsen fragen würde, dann könnte es sogar sein, daß er leugnen würde, daß sie überhaupt existieren.

Um zu funktionierenden Mitgliedern einer Gemeinschaft zu werden, müssen wir unseren Schatten bis zu einem gewissen Grade zähmen. Wir können es nicht jedem unbewußten Impuls erlauben, sich nach Lust und Laune auszudrücken. Aber in unserem Bemühen, den Schatten zu zähmen, gehen wir das Risiko ein, noch eine weitere auf Gegnerschaft beruhende Beziehung zu erschaffen. Wenn der Schatten der Feind ist, dann fühlen wir uns dazu veranlaßt, ihn zu zerstören, das heißt, wir erklären uns selbst den Krieg.

Der Schatten ergibt sich nicht leicht irgendeiner Form von Unterdrückung oder Gewalt. Wie viele Feinde, so blüht auch er bei Widerstand auf. Wenn wir versuchen, den Schatten zu unterdrücken, dann wird er oft noch stärker, was uns dann dazu motiviert, ihn noch energischer zu unterdrücken. Es ist ganz offensichtlich, daß eine solche Beziehung wenig Zukunft hat.

Wenn der Anfänger keinen Erfolg damit hat, seine dunkle Seite zu unterdrücken, dann kann es sein, daß er sie auf die Welt um sich herum projiziert. Anstatt seine eigenen Tendenzen zu Gewalt, Gier und Wollust anzuerkennen, projiziert er diese Eigenschaften unbewußt auf das soziale Ökosystem; er behält die »gute Seite« innen und die »schlechte« außen. Nun scheint die Ursache seiner Besorgnis außerhalb von ihm selbst zu liegen, und er erreicht ein gewisses Maß an psychologischer Sicherheit.

Leider ist das eine gefährliche Illusion, die ihn in einen psychologischen Spiegelsaal führt. Die Projektion des Schattens auf die Umwelt übertreibt und vertieft den Konflikt lediglich, was zu stärkerem innerem Kampf führt, welcher wiederum zu weiteren Projektionen, weiterer Verzerrung und stärkeren Konflikten führt. Letzten Endes wird der Anfänger dann auf seine eigenen Projektionen reagieren.

Die einzige Lösung, um dieser Neigung entgegenzuwirken, besteht in wachsamer Aufmerksamkeit. Streben Sie eine vorurteilslose Unvoreingenommenheit an. Schauen Sie nach innen, und enthalten Sie sich jeglichen Urteils. Sehen Sie Menschen, Organisationen und Kulturen so, wie sie wirklich sind, und nicht so, wie sie Ihnen durch den Schleier Ihres psychologischen Erlebens erscheinen. Verbinden Sie einen realistischen, objektiven Ansatz mit vorurteilsfreier Beobachtung und Überprüfung.

Damit wir den Schatten anerkennen können, ist es erforderlich, daß wir die dunkle Seite unserer menschlichen Natur anerkennen. Der Anfänger leugnet, daß er in der Lage sei, Gewalt auszuüben, andere zu verraten oder ein Leben der Täuschung zu führen, aber der Schatten existiert in jedem Menschen und in jeder Kultur; jeder Mensch, der jemals auf der Erde gelebt hat, trägt das Potential für Dunkelheit und das Böse in sich.

Erhalten Sie eine gesunde Beziehung zu Ihrem Schatten aufrecht, indem Sie entsprechend dem Satz »Alles, was ein Mensch tun kann, das kann auch ich tun« leben. Das schließt sämtliche menschlichen Verhaltensweisen und Fähigkeiten ein, angefangen bei den heldenhaftesten bis hin zu den verabscheuungswürdigsten. Wenn ein Mensch Kranke heilen kann, dann tragen auch Sie dieses Potential in sich; wenn ein Mensch ein Kriegsgefangenenlager errichten und die Gefangenen foltern kann, dann können auch Sie das tun – auch Sie haben dieses Potential. Wir alle besitzen ebenso die Fähigkeit zur Verderbtheit wie auch zur Meisterschaft.

Erhalten Sie eine gesunde Beziehung zu Ihrem Schatten aufrecht, indem Sie eine starke und kraftvolle Persönlichkeit entwickeln. Nutzen Sie den einen Aspekt der Psyche, um für den anderen ein Gegengewicht zu haben. Nähren Sie dieses Gleichgewicht durch das Fachwissen in der von Ihnen gewählten Kunst oder Disziplin. Kompetenz erzeugt Sicherheit und größeres Vertrauen, um dem Schatten im Inneren zu begegnen.

Die Integration des Schattens ist keine Unternehmung, die mit einem Mal erledigt wäre, oder bei der es um alles oder nichts ginge. Es ist nicht so, daß wir sagen könnten: »Ja, ich habe eine dunkle Seite«, und dann damit abgeschlossen hätten. Die Integration des Schattens und das Bewußtsein der eigenen Projektionen stellen eine ständige Herausforderung dar. Deshalb richtet die Eule regelmäßig und in gewissen Rhythmen ihren Blick nach innen, um ihre wahren Motive zu beleuchten. Sie stellt die Frage: »Ist mein Chef wirklich ein aggressiver und unsensibler Schurke? Sind meine Nachbarn wirklich kriminell? Oder sehe ich einfach nur meinen Schatten?«

Der Anfänger, der in einer polarisierten Welt lebt, verbringt seine Zeit damit, vor der Dunkelheit zu fliehen und zum Licht hin zu laufen. Dabei vergißt er, daß Kontraste für ein gutes Sehvermögen notwendig sind. Um jedoch Frieden mit dem Schatten schließen zu können, müssen wir lernen, mit dem Drachen im selben Haus zu wohnen. Wenden Sie, anstatt ständig nach der Erleuchtung zu suchen, Ihren Geist in die andere Richtung. Suchen Sie statt dessen nach einem Gefühl von Dunklerwerden, nach einer Wertschätzung der Schattenseiten des Lebens, der Plätze, zu denen das Licht nicht vordringt. Schließlich wäre das Licht ohne die Dunkelheit bedeutungslos.

Geben Sie der Dunkelheit ihren Platz.

KAPITEL VIII

Ein Schimmer von Weisheit

Zwei- oder dreimal wird der junge Vogel getäuscht, aber vor den Augen des ausgewachsenen Vogels ist es vergebliche Mühe, ein Netz zu spannen oder den Pfeil zu beschleunigen.
  Dante Alighieri

Verwundbarkeit begrüßen

In jungem Alter flößen die Kräfte der Natur der Eule Respekt ein, und sie erlebt, daß diese vollkommen außerhalb ihres Machtbereichs liegen. Sie kämpft, so gut sie kann, und verläßt sich für die Sicherung ihres Lebensunterhaltes auf andere. Wenn es ihr dann immer besser gelingt, sich selbst vor den Gefahren der physischen Welt und des sozialen Umfeldes zu schützen, erfährt sie ein Gefühl der Kompetenz.

Und hier erreicht sie paradoxerweise einen Punkt, der äußerste Gefahr birgt. Einerseits hat die Eule das Vertrauen entwickelt, daß sie mit immer schwierigeren Herausforderungen fertig wird. Andererseits hegt sie die Illusion, daß sie immun gegenüber möglichem Schaden ist. Es könnte sogar sein, daß sie sich unverwundbar fühlt.

Bei diesem Prozeß ist Vertrautheit der Nährboden für Selbstzufriedenheit. Der Anfänger sagt sich: »Das ist eine ganz gewöhnliche Situation. Dieses Muster kenne ich, und es ist vorhersehbar, was passieren wird. Ich kann mich also entspannen.« An diesem Punkt ist sein Verstand für neue Eindrücke nicht mehr offen. Er hört auf, seinen Blick prüfend schweifen zu lassen, hört auf, Fragen zu stellen, und wird echten Risiken gegenüber unachtsam.

Wie auch in anderen Situationen, so verkehrt sich hier das Extrem in sein Gegenteil. Sobald wir einmal angefangen haben, uns einzubilden, daß uns die Kräfte der physischen und sozialen Welt nichts mehr anhaben könnten, untergraben wir unsere Intelligenz. Es handelt sich hier um eine Umkehrbeziehung. Je unverwundbarer wir uns fühlen, desto größer ist die Wahrscheinlichkeit einer Verletzung.

Der Weg der Eule sieht deshalb so aus, daß sie sich ihrer Verwundbarkeit in jedem Bereich bewußt ist. Selbst wenn Sie in Ihrer Position oder Ihrer Disziplin Erfahrungen gesammelt haben, sich darin wohl fühlen und sogar Meisterschaft darin erlangt haben, sollten Sie im Auge behalten, daß dennoch Fehler und Unfälle passieren können. Verhalten Sie sich dem Unvorhersagbaren gegenüber respektvoll, und seien Sie sich der Möglichkeit bewußt, daß Sie Fehler machen können.

Auf dem Schlachtfeld des Lebens gibt es mehr als eine Million Möglichkeiten – und auf all diese können Sie gar nicht vorbereitet sein –, um Niederlagen zu erleiden. Sie können lernen, auf welche Art und Weise ein Nahkampf abläuft, und so auf der Straße über eine relative Sicherheit verfügen, aber dann werden Sie von einem Blitzschlag getroffen. Sie können finanzielle Sicherheit erlangen, aber dann werden Sie von Krankheit heimgesucht. Das Universum ist viel zu komplex und viel zu dynamisch, als daß ein einzelner Mensch oder eine Gruppe vollkommene Sicherheit erlangen könnte. Es gibt immer Schwächen, die von klugen Gegnern oder solchen, die einfach Glück haben, ausgenutzt werden. Für jede Strategie gibt es eine Gegenstrategie. Stein bricht Schere, Schere schneidet Papier, Papier hüllt Stein ein.

Wie es so oft der Fall ist, ist Sicherheit nicht von einem Mehr an Verteidigung abhängig, sondern von einem Weniger. Setzen Sie sich *allen* Möglichkeiten aus, angenehmen wie unangenehmen. Begrüßen Sie die Möglichkeit, daß es

Fehler, Mißerfolge, Verletzung, Leiden und Tod gibt. Wenn Sie das akzeptieren, dann bleibt Ihr Verstand offen und wach.

Das Streben nach Unverwundbarkeit ist verführerisch, doch letzten Endes selbstzerstörerisch. Der Anfänger, der glaubt, daß er unverwundbar sei, wird schlaff und unaufmerksam. Brüche in seiner Aufmerksamkeit liefern dem Gegner Gelegenheiten zum Zuschlagen. Deshalb heißt es im klassischen Kampfsport: »Zu glauben, unverwundbar zu sein, verursacht die größte Verwundbarkeit.«

Es ist nicht nur unmöglich, Unverwundbarkeit zu erlangen, sie ist auch gar nicht erstrebenswert. Unverwundbarkeit bedeutet Isolation, Trennung und infolgedessen Entfremdung vom Rest der Welt. Ein unverwundbarer Krieger könnte nicht an den freundlichen Aspekten des Universums teilhaben. Das Streben nach vollkommener Sicherheit ist ein Streben nach Abtrennung und Einsamkeit.

Egal wie ausgebildet Ihre Fertigkeiten auch sein mögen, geben Sie sich niemals dem Glauben hin, daß Sie gegenüber Angriffen, Fehlern, Unfällen und Unglück immun seien. In diesem Universum gibt es keine Unverwundbarkeit. Ein diszipliniertes Training kann Ihre Chancen lediglich verbessern.

Das Humorvolle erkennen

Haben Sie schon die Geschichte von dem französischen General gehört? Als seine Armee eingekreist wurde, rief er aus: »Wunderbar! Das heißt, wir können in alle Richtungen angreifen!«
Unbekannt

Manche stellen sich den Künstler, der ein Meister der Konfliktbewältigung ist, als grimmigen, düster dreinschauenden Krieger vor, der allzeit bereit ist, in der Schlacht zu leiden oder zu sterben. Tatsächlich ist die echte Eule in ihrer Aufmerksamkeit und in ihrem Verhalten wie eine Präriewölfin, eine Gaunerin mit einem Hang zu Unfug. Ihr Scharfsinn läßt sie das Absurde, das Unvereinbare und das Hysterische entdecken. Sie hat Freude daran, Teile ihrer Erfahrung zu paradoxen und nicht sehr offensichtlichen Verbindungen zu verknüpfen.

Humor regt die Kreativität der Eule auf allen Ebenen an. Er hilft ihr dabei, unwahrscheinliche Verknüpfungen zwischen Kategorien zu entdecken und eingefahrene Muster und Geleise in hohem Bogen zu überspringen. Witze vermischen wörtliche Bedeutungen und Metaphern miteinander, sie regen das Querdenken an, erschaffen neue Möglichkeiten und zwingen uns dazu, drastische Veränderungen in unserer Sichtweise vorzunehmen. Lachen regt die Atmung an und fördert die Gesundheit des Tieres.

Die Kraft des Humors liegt in der Art und Weise, wie er den Zusammenhang und die Perspektive verändert. Humor ist ein Schritt nach draußen, eine alternative Sicht der Dinge. Wenn er geschickt eingesetzt wird, dann kann er kraftvoller sein als ein von Logik oder Verstand geprägter Wortschwall.

Humor entwaffnet nervöse Geister und besänftigt in einer Konfliktsituation die Gemüter. Spannungen und Ängste werden abgebaut, und es kommt ein Gespräch in Gang. Lachen macht uns empfänglich. Es vermindert den Druck an der Schwelle des Konflikts.

Ihr Sinn für Humor hilft der Eule auch, das Gefühl für die richtigen Proportionen aufrechtzuerhalten, und er hält sie davon ab, eine echte Gläubige zu werden, eine Fanatikerin, die meint, daß ihr Weg der einzig richtige sei. Die echte Gläubige ist so in sich versunken, daß sie jegliches Gefühl für Perspektive verliert und hart, dogmatisch und intolerant wird. Sie behauptet, daß alle anderen Wege in die Irre führen, irrelevant oder von Übel seien. Die Eule hingegen schätzt die Absurdität der Dinge, wozu sie auch ihre eigenen Bemühungen zählt. Deshalb bleibt sie ausgeglichen und effektiv.

Der eulenhafte Humor ist nicht einfach nur Witz oder Schläue. Es handelt sich eher um ein verfeinertes Verständnis für ironische Einsichten, die auch in dem ungewöhnlichen und faszinierenden Wesen des Universums ihren Platz haben. Es geht dabei darum, das Leben zu feiern und es in der Tiefe und auf provokante Art zu studieren.

Der Humor der Eule ist eine Folge der Aufmerksamkeit, er ist eine Disziplin, die erlernt werden kann. Wenn er den Yin-Yang-Zyklus durchläuft, dann wird er schärfer. Wenn er vernachlässigt wird, dann verkümmert er. Entweder Sie nehmen das Urkomische an, oder Sie verlieren es.

Werden Sie für Humor in all seinen Formen sensibel. Schärfen Sie Ihren Sinn für das Lächerliche. Studieren Sie die Schöpfungen der Meister, und üben Sie bei jeder Gelegenheit. Vermischen Sie die verschiedenen Aspekte Ihrer Erfahrungswelt, und stellen Sie plausible, aber möglichst lustige Verbindungen her. Verwenden Sie Über- und Untertreibungen, um Grenzen auszuloten und eine statische Realität niederzureißen. Setzen Sie Ironie ein, um Annahmen in Frage zu stellen und Weltanschauungen hinter ihrer Mauer hervorzulocken. Überqueren Sie Grenzen, und bauen Sie Brücken zwischen Dingen, die anscheinend keine Beziehung zueinander haben.

Nehmen Sie Humor ernst. Schließen Sie das Komische in Ihr Bewußtsein ein. Öffnen Sie Ihren Verstand für das Absurde und Paradoxe. Suchen Sie nach dem Joker im Kartenspiel. Genießen Sie die Tricks des Universums. Setzen Sie Humor vorausschauend ein, um Beziehungen aufzubauen, und wenden Sie ihn dann an, um neue Alternativen zu schaffen, falls Sie nicht mehr weiterkommen. Überfallen Sie Ihre Kameraden und Gegner mit den verschiedensten Witzen aus dem Hinterhalt. Wenn Sie auf sturen Widerstand stoßen, reagieren Sie nicht mit einem ebensolchen Verhalten, sondern lassen Sie Ihren Humor zum Tragen kommen. Nutzen Sie Ihren Humor, um Ihren Geist zu befreien.

Das Uneindeutige, Riskante und Paradoxe begrüßen

Der Maler, der keine Zweifel hat, wird nur wenig erreichen.
   Leonardo da Vinci

Der Test für höchste Intelligenz ist die Fähigkeit, zwei gegensätzliche Vorstellungen im Geiste zu bewegen und sich dadurch in seiner Funktionstüchtigkeit nicht beeinträchtigen zu lassen.
   F. Scott Fitzgerald

Wenn menschliches Leben und menschliche Beziehungen sich durch irgend etwas Bestimmtes auszeichnen, dann durch ihre Komplexität, Überschneidung, Multidimensionalität und Nicht-Geradlinigkeit. Sie sind uneindeutig und dynamisch, voller verschiedener Rollen, Bedeutungen, Absichten und Ziele. Eine Person, eine Gruppe oder ein Prozeß können sich gleichzeitig in Hunderten von verschiedenen Schubladen aufhalten.

In einer Umgebung, die sich ständig verändert, ist die Toleranzspanne für Uneindeutigkeiten der Schlüsselfaktor, mit dem die Eule ihre Leistungsfähigkeit sowohl auf körperlicher als auch auf seelischer Ebene aufrechterhält. Sie weiß, wie sie inmitten von Ungewißheit und Zweifeln überleben kann, ohne dabei zwanghaft nach Rationalität und Sicherheit tasten zu müssen. Da sie Dissonanzen aushalten kann, bleibt ihr Verstand offen, wenn die Situation anfängt, brenzlig zu werden, und die Dinge überall um sie herum anfangen, sich aufzulösen. Das hat ganz praktische Vorteile: Da sie ihren Geist länger offenhalten kann, hat sie die Chance, eine offene Stelle oder eine Möglichkeit zu finden, durch die sie Sicherheit erlangen kann. Gleichzeitig ist ihre hochentwickelte Toleranz für Uneindeutigkeiten ein Beitrag, um friedvolle und kultivierte Beziehungen aufzubauen. Da sie die mit einem Beziehungskonflikt einhergehenden Zweifel und Verschwommenheit aushalten kann, neigt sie weniger dazu, nach einem Patentrezept oder einer »militärischen Lösung« zu greifen.

Da der Anfänger Uneindeutigkeiten nur schlecht ertragen kann, wird er impulsiv und greift schnell zu automatischen Verhaltensmustern. Die Dissonanzen, die einem Konflikt innewohnen, rufen Unbehagen in ihm hervor, und deshalb versucht er mit Hilfe von Schwarzweißkategorien Lösungen zu finden, die jedoch letzten Endes alles nur noch schlimmer machen. Wenn der Streßpegel steigt, sucht er tastend nach schnellen Lösungen, egal, ob sie nun etwas bringen oder nicht. Schließlich werden durch sein Bedürfnis nach Sicherheit in ansonsten gesunden Beziehungen Konflikte und Spannungen heraufbeschworen. Bei dem Versuch, den Drachen von Zweifel, Uneindeutigkeit und Unsicherheit zu erschlagen, erzeugt der Anfänger nur noch mehr davon.

Die Eule hat es nicht eilig damit, Situationen und Beziehungen einer bestimmten Ordnung zu unterwerfen. Sie beherrscht die Kunst, Genüsse auf einen späteren Zeitpunkt zu verschieben. Selbst wenn sie einen Ansturm negativer Gefühle in sich aufkommen spürt – eine Begleiterscheinung, die durch die Polarisierung entsteht –, so versucht sie, noch ein wenig länger in der Situation zu bleiben; das ist Yin. Selbst wenn nur ein paar Augenblicke oder Stunden dabei herauskommen, so hat sie dennoch wertvolle Möglichkeiten hinzugewonnen. Machen Sie das zu Ihrer allgemeinen Praxis; jede Erfahrung, die Sie durch das Aufschieben von Freude oder Genuß gewinnen, ist von großem Wert.

Das Leben ist mit Risiken behaftet. In dem Papier-Schere-Stein-Spiel gibt es keine endgültige Sicherheit. Egal, ob Sie sich nun um Selbstverteidigung bemühen, einen Sieg anstreben oder eine friedliche und gerechte Lösung suchen, Sie werden es immer mit einem gewissen Maß an Gefahr zu tun haben. Die wirkungsvollsten Lösungen bei Konflikten – Anpassung, Versöhnung, Waffenstillstand, Kompromiß und abgestufte Reaktionen – machen uns auch verwundbar. Konfliktlösungen, die kein Risiko beinhalten, sind ein Mythos. Wenn Sie Ihre Position erhärten, um sich vor Risiken zu schützen, erzeugen Sie in Ihren Gegnern Angstgefühle, was

Ihr Risiko wiederum erhöht. Wenn man also *kein* Risiko eingeht, geht man vielleicht das größte Risiko ein.

Aufgrund seiner begrenzten Erfahrungswelt tut der Anfänger das Unwahrscheinliche als Lösung ab, die keiner ernsthaften Erwägung bedarf. Doch mit der Zeit tritt die launenhafte Natur des Lebens stärker hervor; Situationen und Beziehungen, die an einem Tag unwahrscheinlich erschienen, werden sich längerfristig mit Sicherheit einstellen. Je länger Sie leben, desto mehr müssen Sie auf das Ungewöhnliche und Unerwartete vorbereitet sein. So lernt der eulenhafte Krieger, nichts zu erwarten, und er bereitet seinen Geist auf das Ungewöhnliche, Merkwürdige und Unmögliche vor.

Schärfen Sie Ihre Toleranz für Uneindeutigkeiten am Wetzstein des Neuen. Unternehmen Sie regelmäßig Reisen über die Grenzen des Gebietes hinaus, in dem Sie sich zu Hause fühlen. Bringen Sie sich in einer neuen Disziplin in die Lage des ungeschickten Anfängers, und machen Sie sich mit den Dissonanzen vertraut. Gewinnen Sie Sicherheit aus dem Wissen, daß es sich auszahlt, ein Anfänger zu sein, zumindest ab und zu.

Sich vor Gewißheit hüten

Diejenigen, die übermäßiges Vertrauen in ihre Ideen haben, sind für neue Entdeckungen nicht gut ausgerüstet.
   Claude Bernard

Eine Idee ist etwas, das Sie haben; eine Ideologie ist etwas, das Sie hat.
   Morris Berman

Wenn Sie sich der Meisterschaft der Eule nähern, werden Sie mehr Selbstvertrauen entwickeln, und es wird Ihnen leichterfallen, in einer belastenden und schwierigen Situation zu handeln. Durch Ihren Erfolg könnten Sie jedoch über den

Punkt hinausgehen, an dem Sie sorgfältig nachdenken, und in den Bereich der Dogmen und festen Überzeugungen vordringen. Damit begehen Sie einen gefährlichen Fehler.

Der Anfänger verbindet Meisterschaft mit vollkommenem Vertrauen und vollkommener Überzeugung, aber das ist eine Illusion. Meisterschaft ist wie alle lebendigen Dinge in Bewegung. Sie ist dynamisch. In dem Moment, in dem wir Sicherheit »erreicht haben«, verlieren wir die Meisterschaft. Sobald wir etwas als »wahr« oder »perfekt« bezeichnen, verhindern wir eine weitere Verfeinerung. Sobald wir uns als Meister ansehen, werden wir zum Narren.

Dogmatismus ist eine psychologische Überbeanspruchung, die mit dem Schlag vergleichbar ist, der über seine eigentliche Reichweite hinausgeht und durch den wir uns verwundbar machen. Wie in so vielen anderen Situationen verkehrt sich auch hier das Extrem in sein Gegenteil. Ein Dogma ist zu starr, um die Herausforderungen einer dynamischen Schlacht bzw. Umgebung in sich aufzunehmen. Wenn Sie Ihre Meinung nicht ändern können, dann können Sie auch keinen Schritt zur Seite tun. Wenn Sie zu fest an einer Ansicht klammern, dann befinden Sie sich auch in ihrer Umklammerung.

Sicherheit läßt nicht nur den Lernprozeß stagnieren, sie entzündet auch unnötige Konflikte und verleiht ihnen Dauerhaftigkeit. Ein Dogma macht keine Zugeständnisse, und es duldet auch keine Überprüfung. Es ist starr und statisch – keine gute Voraussetzung, um Geschäftsverhandlungen aufzunehmen, auf die Straße zu gehen oder ein Schlachtfeld zu betreten. Um echt zu sein, muß mit der Meisterschaft ein ständiges Anerkennen der eigenen Unwissenheit und Verwundbarkeit sowie des unvollkommenen Verstehens einhergehen.

Natürlich gibt es für alles eine bestimmte Jahreszeit und den richtigen Zeitpunkt. Es gibt Zeiten, in denen die reine Überzeugungskraft für eine kreative Leistung und das Überleben essentiell ist. Wenn ein wütender Angreifer Sie am Kragen packt, dann müssen Sie handeln, ohne irgendwelche Zweifel an den Tag zu legen. Doch trotzdem führt die reine Überzeugung als stete intellektuelle Haltung zur Niederlage. Wenn Sie feststellen, daß Sie eine Einstellung, einen Glauben oder eine Idee mit absoluter Sicherheit vertreten, dann sollten Sie das Muster durchbrechen und anfangen, sich Fragen zu stellen. Es besteht die Gefahr, daß die Situation sich umkehrt.

Das alltägliche Leben leben

Um Vögel sehen zu können, ist es notwendig, ein Teil der Stille zu werden.
  Robert Lynd

Er möchte nicht glänzen,
deshalb wird er erleuchtet werden.
Er möchte nichts für sich selbst darstellen,
deshalb wird er strahlen.
Er hegt keinen Anspruch auf Ruhm,
deshalb erschafft er Werke.
Er sucht nicht nach Meisterschaft,
deshalb wird er erhaben werden.
  Lao-tse, *Tao Te King*

Um größere Meisterschaft zu erlangen, müssen Sie die Lektionen des Eulendaseins zu einem Bestandteil Ihrer täglichen Erfahrung machen. Diese Kunst lebt von der Aufmerksamkeit, die Sie im Hier und Jetzt den Details schenken.

Schaffen Sie sich mit Hilfe eines einfachen Prinzips Zugang zu dieser Kunst: Behandeln Sie schwierige Dinge so, als seien sie leicht, und leichte Dinge so, als seien sie schwierig. Behandeln Sie Gehen und Sitzen so, als handelte es sich dabei um große Herausforderungen, die für das Überleben eine wesentliche Rolle spielen. Behandeln Sie Kochen und Essen so, als seien sie die feinsten und schwierigsten aller Künste.

Der Anfänger findet diesen Vorschlag absurd, und er glaubt, daß ihm dadurch in seinem eigenen Leben eine unglaubliche Last aufgebürdet wird. Aber tatsächlich liegt genau hier der Schlüssel zum Erfolg der Eule.

Auf der Suche nach der Meisterschaft der Eule strebt der Anfänger die bestmöglichen Leistungen an. Er müht sich mit Fehlern ab und bringt sich auf der Leiter des Lernens nach oben. Immer ist er auf der Suche nach den feinsten und erhabensten Kreationen. Das ist ein ehrbarer Weg, doch er führt von der großen Bedeutung weg, die dem Einfachen und Gewöhnlichen innewohnen.

Ein großer Erfolg ist glänzend und aufregend, doch in vielerlei Hinsicht irrelevant. Ein geringer Erfolg ist Routine, eine Alltäglichkeit und absolut lebenswichtig. Stehen, sitzen, atmen, gehen und essen – aus diesen Aktivitäten besteht unser Leben. Der Anfänger meint, daß diese Dinge einfach seien und deshalb bedeutungslos, aber die Eule weiß es besser.

Natürlich strebt sie nach großem Erfolg, doch sie tut es auf indirekte Weise. Statt direkt zum höchsten Punkt zu fliegen, widmet sie sich dem Einfachen, dem Alltäglichen und der Routine. Sie lernt, einfache Dinge sehr gut zu verrichten, so daß sie auch unter äußerstem Streß ihre Form wahren kann. So ist sie immer aufs beste darauf vorbereitet, sich für jede ihrer Handlungen zu verantworten, selbst für die alltäglichste und unschuldigste.

Lernen Sie, die elementaren Dinge des Lebens zu beherrschen, und kehren Sie immer wieder zu ihnen zurück. Streben Sie nach großen Leistungen, aber vergessen Sie die Fertigkeiten nicht, die für Ihr Leben und Ihre Disziplin von so grundlegender Bedeutung sind.

Kümmern Sie sich bei dieser Suche nach dem einfachen Erfolg nicht darum, was andere von Ihnen denken. Nur wenige werden Ihr fachmännisches Geschick, das Sie im Alltag an den Tag legen, bemerken oder wertschätzen, aber das spielt keine Rolle. Lesen Sie, was Nietzsche dazu geschrieben hat:

»Je höher wir fliegen, desto kleiner erscheinen wir denen, die nicht fliegen können.«

Das Herz öffnen

Ich bin groß. In mir sind Vielheiten.
Walt Whitman, *Gesang von mir selbst*

Die Meisterschaft der Eule ist umfassend und von Mitgefühl geprägt. Sie toleriert menschliche Schwächen und menschliches Unvermögen. Sie hat Verständnis dafür, daß Meinungsverschiedenheiten unvermeidbar sind und es leicht zu Konflikten kommt. Sie erkennt an, daß es angesichts des Chaos schwierig ist, in seiner Mitte zu bleiben. So akzeptiert das weite Herz selbst die mitleiderregendsten Versuche des Anfängers, zum Eulendasein vorzudringen, insbesondere dann, wenn sie aufrichtig sind.

Diese Einstellung des weiten Herzens hat praktische Vorteile. Das Ausmaß an Opposition, dem Sie in Ihrem Leben begegnen, verhält sich umgekehrt proportional zur Größe Ihres Herzens. Ein größeres Herz zu haben bedeutet, weniger draußen zu haben, und das bedeutet, auf weniger Widerstand zu treffen, weniger Gegner zu haben und weniger Schlachten kämpfen zu müssen. Der Anfänger, der ein kleines Herz hat, hält viel draußen und kämpft immer gegen das Außen. Die großherzige Eule dagegen umarmt vieles und viele. Wenn Sie alles in sich haben, dann haben Sie nichts, das Sie bekämpfen müßten.

Und je größer Ihr Herz ist, desto mehr Spaß werden Sie haben. Je mehr Sie die Schwächen Ihrer Mitmenschen akzeptieren können, in desto stärkerem Maße werden Sie auch mit deren Glanz, der auf jeden Fall da ist, Kontakt aufnehmen können.

Natürlich können Sie nicht jeden und alles ins Herz schließen. Doch Sie können an den Grenzen arbeiten. Öffnen Sie

Ihr Herz jedesmal ein bißchen mehr. Lassen Sie ein paar Ideen hinein, einige Sätze, einige Persönlichkeiten, ein paar Gesten, ein paar Emotionen. Passen Sie sich dann diesen neuen Dimensionen an. Später möchten Sie vielleicht ein bißchen mehr hereinlassen oder in einer Krise Ihr Herz sogar stärker verschließen, aber das kommt schon alles zur richtigen Zeit. Das Herz wird nicht über Nacht offener. Die Schutzschicht um Ihr Herz herum wird Zelle für Zelle, Wort für Wort, Satz für Satz und Handlung für Handlung härter oder weicher werden. Jede kleine Geste trägt dazu bei, das Herz zu erweitern bzw. es zu verschließen. Bleiben Sie bei diesen Ereignissen Beobachter, und lenken Sie sie auf sanfte Weise.

Üben Sie sich in dieser Kunst des Akzeptierens. Nehmen Sie den Widerstand, dem Sie begegnen, in sich auf, und machen Sie ihn zu einem Teil von sich. Setzen Sie Ihre Perspektive in einen neuen Rahmen, um weitere Erfahrungen und eine größere Vielfalt in sich aufzunehmen. Wenn Ihre Fähigkeiten zunehmen, dann können Sie Ihr Herz weiter öffnen, ohne dabei Ihr eigenes Risiko zu erhöhen oder Ihre Verwundbarkeit zu vergrößern. Vernachlässigen Sie diese Kunst nicht! Großartige Fertigkeiten mit einem kleinen Herzen sind überhaupt keine Fertigkeiten.

Wenn Sie Ihr Herz erweitern, vergessen Sie nicht, sich selbst mit hineinzunehmen, Ihre Geschichte und Ihre Drachen. Lassen Sie sich nicht außen vor. Ein großes Mitgefühl akzeptiert sich selbst, und damit beginnt der Widerstand zu schwinden, und Frieden wird möglich.

Dem letzten Gegner ins Gesicht sehen

Vergiß die Jahre, vergiß die Unterschiede. Spring in das Grenzenlose, und mach es zu deinem Zuhause!
Chuang Tzu

Von allen Gegnern, mit denen wir es zu tun haben, gibt es einen, der in seiner Macht und seinem Einfluß ganz allein dasteht. Wir können einige seiner Angriffe parieren, doch dieser Gegner verfügt über den Luxus der Willkür, und dagegen gibt es keine Verteidigungsmaßnahmen. Er kann einige Probestöße austeilen, und dann zieht er uns allmählich zu Boden; oder er kann plötzlich auftauchen und uns ohne Vorwarnung den letzten Schlag versetzen. Es gibt keine Macht, die ihn niederschlagen könnte, keine Strategie, die ihn aus dem Gleichgewicht bringen könnte. Es ist der Tod, der letzte Gegner.

Der Kampf gegen den Tod ist eine äußerst widersprüchliche Schlacht der höchsten Ordnung. Es handelt sich um einen Kampf, den wir antreten *müssen*, aber es ist ganz sicher einer, den wir verlieren werden. Aus diesem Dilemma gibt es kein Entrinnen. Es muß ausgestanden werden.

Das erste Prinzip, das wie immer gilt, ist, ein gutes Tier zu sein. Jedes Geschöpf auf dieser Erde kämpft ums Überleben. Wenn der Tod in den Ring steigt, dann müssen wir unsere Reserven an Kraft und Durchhaltevermögen auf den Plan rufen. Geben Sie keinen Zentimeter nach. Setzen Sie ihm den unnachgiebigsten Widerstand entgegen, den Sie aufbringen können. Kratzen und krallen Sie mit jeder Faser und jeder Zelle Ihres Körpers. Schauen Sie dem Gegner ins Gesicht. Geben Sie nicht nach.

Auf dieser Ebene ist unser Widerstand gegen den Tod ehrwürdig und gesund, doch in dieser Beziehung gibt es noch eine andere Dimension. Hierbei handelt es sich um den Kampf auf Leben und Tod, den wir in Vorwegnahme dieser letzten Begegnung und als Ausdruck des Protestes gegen unsere mißliche Lage führen. Wir arbeiten hart und lange daran, um diesem Gegner nicht begegnen zu müssen. Wir leugnen ihn und winden uns. Wir widersetzen uns dem Unvermeidlichen.

Leider verbraucht dieser Widerstand unsere Energie und unterläuft unsere Leistung. Je mehr Sie gegen diese Begegnung mit dem letzten Gegner ankämpfen, desto weniger effektiv werden Sie handeln können. Je früher Sie seine Unvermeidlichkeit und Ihre endgültige Niederlage akzeptieren, desto stärker werden Sie sein. Den Tod zu leugnen ist eine Verschwendung unserer seelischen Kraft und Energie. Sie können versuchen, den letzten Gegner wegzustoßen, doch er wird Ihnen ins Gesicht lachen. Seine Ausdauer ist legendär.

Deshalb ist die Einstellung der Eule zum Tod sowohl von wütendem Widerstand als auch von offener Akzeptanz gekennzeichnet. Kämpfen Sie, wenn er Sie angreift, aber lassen Sie nicht zu, daß er bereits im voraus von Ihrem Geist Besitz ergreift. In dem Maße, wie der Tod Ihre Aufmerksamkeit bereits gefangenhält, in dem Maße sind Sie bereits tot und befinden sich im Würgegriff der statischen Fixierung und der Angst. Daher ist es besser, ihn als gegeben zu akzeptieren und eins mit ihm zu werden.

Dieses Dilemma scheint eine schwere Last zu sein, doch der letzte Gegner ist gleichzeitig auch der letzte Lehrer. Er erinnert uns an unsere Verwundbarkeit und zeigt uns, wie die kleinen Schlachten zu schlagen sind: mit Würde, Aufmerksamkeit und Engagement. Für den eulenhaften Krieger ist jede Schlacht eine Probe für die letzte Begegnung.

Wenn Sie diese Begegnung mit dem letzten Gegner ausfechten, ist es unbedingt notwendig, daß Sie sich über Ihre Beziehung beizeiten Gedanken machen. Für einige ist jedes Sandkorn, das durch das Stundenglas rinnt, eine Niederlage, ein Augenblick, der in der Schlacht um das Leben verloren ist. Das ist jedoch die Schlacht eines Narren, denn Zeit ist ein Gegner, der uns vollkommen überwältigt. Jeder Versuch, die

Zeit zu besiegen, führt nur zu noch mehr Angst und Schwäche. Nur wenn man sich vollkommen auf den Fluß der Zeit einläßt, kann man einen Zustand erschaffen, in dem die Zeit kein Feind mehr ist.

Die Eule schöpft ihre Kraft daraus, daß sie an der Natur teilhat und sich mit ihr verbindet. Je stärker Sie versuchen, sich von der natürlichen Welt abzuschneiden, desto schrecklicher und unbegreiflicher wird Ihnen Ihr Tod erscheinen. Sie sollten statt dessen Teil eines größeren Ganzen werden; werden Sie eins mit dem großen Drama des Lebens. Verbinden Sie sich mit dem Organismus als Ganzem, und Ihre Sorgen werden aufhören.

Leben Sie vollkommen, sterben Sie vollkommen. Der Weg der Eule besteht darin, daß sie gleichzeitig kämpft und nachgibt. Die Niederlage wird kommen. Die einzige Frage ist, wie wir mit ihr umgehen. Werden wir die Niederlage mit Ehre und Würde – als gutes Tier – erleiden?

Der Wunsch nach Unsterblichkeit ist der Wunsch, von der natürlichen Welt getrennt zu sein. Das ist jedoch nicht der Weg, um Kraft zu schöpfen. Verbinden Sie sich mit dem Kommen *und* Gehen der lebendigen Welt. Leben Sie Ihr Leben, und erleben Sie Ihren Tod mit Würde und offenen Augen. Die Eule lebt und stirbt mit der Stärke des Edlen.

Einige Gedanken zum Schluß

Früher oder später werden Sie die Lektionen des Eulendaseins vergessen und zu Ihren alten Gewohnheiten in Beziehungen zurückkehren; Sie werden ihre Position aufgeben, Dinge hinausschieben und wie ein sturer Narr an der Tür des Konfliktes rütteln. Sie werden sich starre Vorstellungen zulegen und Ihren schweifenden, prüfenden Blick vernachlässigen. Sie werden in Schwarzweißkategorien denken und der Sprache in die Falle laufen. Sie werden zwanghaft und symmetrisch reagieren.

Dem können Sie nicht entrinnen. Schließlich erfordert diese Kunst einen langen Zeitraum, um sie in ihrer Weite und Tiefe zu erlernen. Die einzige Lösung ist ein ständiges Infragestellen und anhaltende Bereitschaft. Binden Sie sich Ihren weißen Gürtel um die Hüften, und treten Sie auf die Matte. Nachdem Sie mehrere tausend Mal gefallen sind, wird Ihr Gürtel durch die Sandkörner Ihrer Erfahrung verdreckt sein. Im Laufe der Jahre wird er seine Farbe ändern, und er wird zunächst braun und dann schwarz werden. Ihre eulenhafte Natur wird sich ebenfalls vertiefen, doch das geschieht nur vorübergehend. Kontinuierliches Training wird die äußeren Fetzen Ihres Gürtels wegreißen und ihn zu seiner ursprünglichen Farbe zurückbringen, wenn der Zyklus seine Runde vollendet hat. Der Anfänger wird zur Eule, die Eule zum Anfänger, und so geht es in einem endlosen Kreislauf weiter.

Eine Gelegenheit, um sich im Eulendasein zu üben, findet sich in jeder Herausforderung. Ergreifen Sie sie, wenn es Ihnen möglich ist; wenn Sie sie jedoch verpassen, dann sollten Sie zur nächsten Gelegenheit fliegen und es noch einmal versuchen. An Gelegenheiten wird es Ihnen nicht mangeln.

Manchmal wird es so erscheinen, als sei die Stimme der

Eule kaum hörbar. Doch wenn Sie aufmerksam hinhören, können Sie sie überall um sich herum hören. Die Eule lebt in vielen Wesen, in vielen Handlungen und in der Struktur der Nacht selbst. Halten Sie nach ihr Ausschau, und erkennen Sie an, wenn Sie einen Schimmer von ihr erhaschen. Wenn Sie aufmerksam sind, dann werden Sie anfangen, sie mit größerer Klarheit zu sehen.

Wenn Sie Konkurrenz begegnen und auf Widerstand treffen, dann stellen Sie sich die Frage: »Was würde die Eule jetzt tun?« Hören Sie dann auf die Stimme der Eule in Ihrem Inneren.

Kampfworte: Danksagung

Der Krieg gegen den Krieg wird keine Urlaubsreise und kein Campingausflug sein.
  William James

Ein Buch über die Kunst der Konfliktbewältigung zu schreiben ist, wie eine Schlacht gegen einen geheimnisvollen und äußerst geschickten Gegner anzutreten. Die Konzepte sind kraftvoll, schwer zu fassen und widersprüchlich. Ausnahmen gib es in Hülle und Fülle. Jeder Idee, die wahr erscheint, lauert ihr Gegenteil im Hinterhalt auf und wartet nur darauf, die kleinste Schwäche anzugreifen. Mein Ziel bestand darin, die Worte zu Papier zu bringen, doch manchmal war ich derjenige, der niedergeworfen wurde, der unter dem Gewicht widersprüchlicher Ideen und unterschiedlicher Philosophien zu Boden ging. Selbst als die Worte unverrückbar auf Papier gedruckt waren, hegte ich noch Zweifel. Ich befürchtete, daß sie irgendwie von der Seite springen, mich auf irgendeine teuflische Weise in ihren Griff bekommen und mit einem lauten Krachen auf die Matte schlagen würden.

Glücklicherweise mußte ich diese Schlacht nicht alleine schlagen. Zahlreiche Verbündete haben mich wieder aufgehoben, meine Kleider abgebürstet und mich wieder in den Kampf geschickt. Von denen, die mich unterstützt haben, möchte ich hier an erster Stelle meine Familie nennen, meine eulenhaften Eltern und meine liebevolle Ehefrau Susan. Natürlich bin ich allen meinen Kampfsport-Lehrern für die kraftvollen Lehren auf ewig verpflichtet: Rod Martin, Kurt Schnoor, Tom Read, Koichi Barrish und Mark Bartosh. Ich danke ebenfalls meinen eulenhaften Lesern für ihre eulenhaften Einsichten und ihre Unterstützung: Sam und Beth Forencich, Familie Fahringer, Jim Collins, George Thompson, Mike

Levy, Sandy Schaff, Ann Elsbach, John Williams, Sam Kraut, Betsy Levy, Larry Ball und Troy Corliss. Ein besonderer Dank gilt meinen Kletterpartnern und Lehrern in der Körperarbeit, die meine Grenzen erweitert haben und mir halfen, ein besseres Tier zu werden.

Mein Dank gilt auch den Profis, die mit mir zusammen die letzten Schlachten schlugen, um diese Beobachtungen eines Lebens in einem handlichen, kompakten Buch unterzubringen: meinem visionären Agenten Hal Zina Bennett, der die richtigen Schritte unternahm; meinem leitenden Lektor John Loudon, der das Potential in den ersten Stadien erkannte und meine Bemühungen als Grünschnabel auf meisterhafte Weise durch viele schwierige Überarbeitungen führte; meiner Lektorin Karen Levine und dem Lektoratsassistenten Matthew Harray, der an den wichtigsten Kreuzungspunkten mit in den Kampf eintrat; meiner Herstellungsleiterin Rosana Francescato; meiner Korrektorin Naomi Lucks und der ganzen Schar von Verleger-Eulen bei Harper San Francisco.

Bitte beachten Sie
die folgenden Seiten:

Klassiker

Patanjalis Yoga-Sutras (ent-
standen ca. 2. Jh. v. Chr.)
sind die berühmteste und
älteste systematische Dar-
stellung des Yoga. Patan-
jali stellte in diesem Werk
eine Vielzahl von Apho-
rismen – Sutras – zusam-
men, um den Weg zu
höchster Konzentration
und völliger Befreiung des
Geistes zu weisen. Keinem
anderen Text ist es seither
gelungen, Yoga so au-
thentisch, klar und lebendig zu vermitteln.
»Höchst empfehlenswert.«
Books for Inner Development

Swami Prabhavananda
und Christopher
Isherwood (Hrsg.)
Gotterkenntnis
Die Yoga-Sutras des
Patanjali
150 Seiten
Ullstein TB 35780

Ullstein Taschenbuch

Chinesische Mystik

Der Taoismus, eine der
großen Strömungen chine-
sischer Philosophie, findet
auch im Westen immer
mehr Anhänger. Eva Wong
präsentiert eine faszinie-
rende Sammlung von
Basistexten, die ebenso für
den Anfänger wie für den
Kenner geeignet sind. Sie
gibt Einblick in die scha-
manistischen Ursprünge
des Taoismus, sie erläutert
die klassische Periode
(Laotse, Chuang-tzu u.a.),
die taoistische Mystik und
viele weitere Aspekte. Ein
Buch für Leser, die sich für
die spirituellen Lehren
Chinas und ihre prakti-
sche Umsetzung in
Medizin und Meditation
interessieren.

Eva Wong (Hrsg.)
Die Lehren des Tao
152 Seiten
Ullstein TB 35778

Ullstein Taschenbuchverlag

Neue Wege zur Weisheit

»Die Sufi-Lehrer Gurdjieffs« ist eines der wichtigsten Dokumente der authentischen Sufi-Tradition im Westen des 20. Jahrhunderts.
Im Rahmen einer farbigen und faszinierenden Reise-schilderung macht es den Leser vertraut mit den grundlegenden Voraus-setzungen für eine erfolg-reiche Suche nach dem Sinn unserer menschlichen Existenz.

Rafael Lefort
Die Sufi-Lehrer Gurdjieffs
102 Seiten
Ullstein TB 35788

Ullstein Taschenbuchverlag